A RAZÃO JURÍDICA

A RAZÃO JURÍDICA
O uso da analogia no argumento jurídico

Lloyd L. Weinreb

Tradução
BRUNO COSTA SIMÕES

Revisão da tradução
MARCELO BRANDÃO CIPOLLA
PERCIVAL PANZOLDO DE CARVALHO

SÃO PAULO 2008

Esta obra foi publicada originalmente em inglês com o título
LEGAL REASON
por Cambridge University Press.
Copyright © Lloyd L. Weinreb, 2005.
Copyright © 2008, Livraria Martins Fontes Editora Ltda.,
São Paulo, para a presente edição.

1ª edição 2008

Tradução
BRUNO COSTA SIMÕES

Revisão da tradução
Marcelo Brandão Cipolla
Percival Panzoldo de Carvalho
Acompanhamento editorial
Luzia Aparecida dos Santos
Preparação do original
Marisa Rosa Teixeira
Revisões gráficas
Maria Luiza Favret
Mauro de Barros
Produção gráfica
Geraldo Alves
Paginação/Fotolitos
Studio 3 Desenvolvimento Editorial

Dados Internacionais de Catalogação na Publicação (CIP)
(Câmara Brasileira do Livro, SP, Brasil)

Weinreb, Lloyd L.
A razão jurídica : o uso da analogia no argumento jurídico /
Lloyd L. Weinreb ; tradução Bruno Costa Simões ; revisão da
tradução Marcelo Brandão Cipolla, Percival Panzoldo de
Carvalho. – São Paulo : Editora WMF Martins Fontes, 2008.
– (Biblioteca Jurídica WMF)

Título original: Legal reason.
Bibliografia.
ISBN 978-85-7827-028-5

1. Direito – Metodologia I. Título. II. Série.

08-02992   CDU-340.1

Índices para catálogo sistemático:
1. Direito : Metodologia   340.1

Todos os direitos desta edição reservados à
Livraria Martins Fontes Editora Ltda.
Rua Conselheiro Ramalho, 330 01325-000 São Paulo SP Brasil
Tel. (11) 3241.3677 Fax (11) 3101.1042
e-mail: info@wmfmartinsfontes.com.br http://www.wmfmartinsfontes.com.br

ÍNDICE

Prefácio	VII
Introdução	XI
1. Analogia, raciocínio indutivo e raciocínio dedutivo	1
2. Barcos a vapor, radiodifusão e escuta eletrônica clandestina	21
3. Raciocínio jurídico analógico	43
4. Raciocínio analógico, formação jurídica e direito	97
Apêndice A: Nota sobre o raciocínio analógico	137
Apêndice B: Notas biográficas	143
Índice remissivo	147

PREFÁCIO

Discussões recentes sobre o uso da analogia nos argumentos jurídicos, que medem o raciocínio pelos padrões do raciocínio indutivo e dedutivo, e concluem pela insuficiência daquele, incitaram-me a escrever este livro. Mesmo aqueles que aprovaram o uso do argumento analógico no direito, como Edward Levi, no seu estudo clássico, *An Introduction to Legal Reasoning*, consideraram-no racionalmente "imperfeito", embora não tenham explicado como ele poderia ter, nesse caso, os efeitos benignos que Levi e outros lhe atribuem. Do mesmo modo, os esforços para reinterpretar os argumentos jurídicos analógicos como simples formas, levemente disfarçadas, de argumento dedutivo ou indutivo, ou alguma combinação desses dois, distorcem os argumentos que os advogados e juízes efetivamente apresentam; e são, com toda evidência, ditados unicamente pela convicção de que, se assim não fosse, os argumentos seriam inválidos e não mereceriam consideração alguma.

Essas opiniões, que vieram a dominar a discussão sobre o raciocínio jurídico analógico, negam descaradamente o fato indubitável de que o uso da analogia encontra-se no próprio centro do raciocínio jurídico, e isso a ponto de ela ser vista como marca distintiva não só do raciocínio jurídico em si, mas também da formação jurídica. Simplesmente não é possível acreditar que argumentos submetidos rotineiramente ao mais rigoroso exame contenham um erro tão fundamental. Ao estudar o assunto, confirmei minha crença em que o uso de argumentos analógicos no direito sustenta-se por si e não difere do raciocínio que todos nós empregamos em nossas ocupações cotidianas. Seu uso no direito distingue-se de seu uso no cotidiano somente em um ponto: no direito, não é apenas útil e costumeiro, mas essencial à preservação dos valores que atribuímos ao "Estado de Direito". O esforço para substituir o raciocínio analógico pelo raciocínio dedutivo ou indutivo decorre de uma crença errônea, segundo a qual essa substituição seria uma exigência do Estado de Direito. Na verdade, porém, o raciocínio analógico não arruína o Estado de Direito; antes, sustenta-o.

Dirijo este livro tanto aos interessados no debate acadêmico quanto àqueles que estão iniciando seus estudos jurídicos, ou há pouco começaram a exercer o direito, assim como às pessoas que têm interesse geral em direito. Para dirigir-me a esse público, não foram poucas as discussões que tive sobre as questões envolvidas. Omiti, entretanto, muito do aparato – citações extensas e notas de rodapé prolixas sobre pontos que beiram a impertinência – que é, de modo excessivo na minha opinião, comum ao estudo jurídico. Não poupei exemplos corriqueiros e explicações de questões que serão conhecidas aos versados em direito e aos profissionais experientes, mas talvez não sejam ao estudante, ao profissional recém-formado e a outros que estão fora da área jurídica.

Sou grato a muitos colegas e amigos que leram uma parte ou todo o manuscrito e fizeram sugestões proveitosas, entre os quais Brian Bix, Michael Doyen, Richard

PREFÁCIO   IX

Fallon, Robert Ferguson, Morton Horwitz, Daniel Meltzer, Anton Metlitsky, Daniel Weinreb, Mark Yohalem e Benjamin Zipursky.

Andrew Waterhouse, George Borg e Marcia Chapin ajudaram-me a entender a química das manchas de vinho e do talco em pó. Apresentei algumas das idéias do livro em seminários na Faculdade de Direito de Cornell, na Faculdade de Direito de Fordham e na Faculdade de Direito de Harvard, sendo encorajado e estimulado por comentários dos participantes.

A biblioteca da Faculdade de Direito de Harvard ofereceu-me pronto acesso a livros e artigos sobre uma enorme variedade de temas, inclusive muitos que não entraram no manuscrito final. A biblioteca da Faculdade de Direito de Fordham também foi útil quando lá estive como professor visitante em 2003. Melinda Eakin preparou e cuidou de muitos esboços do manuscrito e auxiliou na edição final. Sua ajuda foi inestimável. Ed Parsons exerceu de forma generosa e solícita seu papel de representante da Cambridge University Press.

LLOYD L. WEINREB
Outubro de 2004

INTRODUÇÃO

Este é um livro sobre os argumentos que os advogados elaboram em defesa de seus clientes e que os juízes desenvolvem no curso de suas decisões. Não corresponde ao direito no seu todo, que se estende em várias direções e assume muitas formas diferentes. O padrão do raciocínio daqueles que estão empenhados em outras partes do direito, no processo legislativo, no processo administrativo ou das agências reguladoras, é diferente. Mas os processos judiciais, nos quais preponderam os argumentos de advogados e as decisões justificadas de juízes, são o típico lugar onde a lei é aplicada concretamente e, para usar uma expressão corrente, onde "o bicho pega". Nenhum esforço voltado para compreender e explicar o direito ou o processo jurídico terá efeito se os argumentos de advogados e juízes não forem compreendidos. Ademais, tais argumentos são o que as pessoas têm em mente quando falam sobre o raciocínio jurídico. Muita gente acredita que o raciocínio jurídico é de alguma maneira especial, não apenas no seu conteúdo, mas na sua própria forma. Nas aulas de direito, um professor, na intenção de fazer um grande elogio, pode dizer a um aluno: "Agora você está pensando como um advogado", como se a formação jurídica equipasse uma pessoa para pensar de um modo que os outros desconhecem. E, de fato, muito já se escreveu sobre a natureza dos argumentos jurídicos[1]. Todavia, seria estranho se o raciocínio jurídico fosse, por alguma razão, diferente do raciocínio pertinente a outros temas. Médicos e engenheiros também têm a sua habilidade especial. É raro, porém, ouvir alguém falando sobre pensar como médico ou como engenheiro.

Em certo sentido, há uma grande diferença entre a prática do direito e a de outras profissões, o que certamente tem a ver com a atenção especial dada ao raciocínio jurídico. O raciocínio de um médico ou de um engenheiro é posto à prova sem delongas, no decurso normal dos acontecimentos: a saúde do paciente melhora ou não; a ponte resiste ou desaba. Já em relação ao raciocínio jurídico, não há prova comparável. Embora falemos sobre o que é o direito, como se ele fosse uma questão factual, como um diagnóstico médico ou o peso que uma ponte é capaz de suportar, o conteúdo do direito é normativo: ele prescreve o que deve – quer dizer, deveria – ser feito. (Até mesmo dizer que ele declara o que será feito é um exagero, pois há muitos exemplos em que a lei não é seguida.) Um dos problemas fundamentais da teoria do direito consiste em como resolver essa conjunção

---

1. Ver, afora os livros citados em outras passagens, Ruggero J. Aldisert, *Logic for Lawyers* (3.ª ed., 1997); Robert Alexy, *A Theory of Legal Argumentation* (R. Adler & N. MacCormick, trad. ingl.) (1989); Fernando Atria, *On Law and Legal Reasoning* (2001); Steven J. Burton, *An Introduction to Law and Legal Reasoning* (2.ª ed. 1995); Martin P. Golding, *Legal Reasoning* (1984); Peter Goodrich, *Legal Discourse* (1987); William Read, *Legal Thinking* (1986); Elias E. Savellos, *Reasoning and the Law* (2001); Clarence Morris, *How Lawyers Think* (1994); Kenneth J. Vandevelde, *Thinking Like a Lawyer: An Introduction to Legal Reasoning* (1996). Para uma afirmação veemente de que "pensar como um advogado corresponde apenas às formas ordinárias de pensar bem e claramente", ver Larry Alexander, *The Banality of Legal Reasoning*, 73 Notre Dame L. Rev., pp. 517, 517 (1998).

INTRODUÇÃO

entre o que é e o que deveria ser. Como no fim o raciocínio jurídico não oferece uma prova objetiva de seu mérito, não surpreende que nos ocupemos mais insistentemente com o processo de raciocínio em si.

Não é pouco o que está em jogo: o direito é uma estrutura abrangente, dentro da qual a maioria das ocupações humanas é conduzida, e que desce até os mínimos detalhes. Para que suas exigências não sejam consideradas arbitrárias e opressivas, elas devem ser razoáveis e percebidas como tais. Sejam quais forem os fundamentos da autoridade do direito em geral ou de uma lei particular (ou um corpo de leis particulares) concernente a um tema específico, quando a lei vigora e determina os direitos específicos e as obrigações de pessoas específicas, ela encontra sua justificação característica nos argumentos dos advogados e juízes. Seria de esperar que a análise do raciocínio jurídico, que está sujeito a um exame rigoroso, persistente e cuidadoso, fosse uma coisa simples e clara. Os argumentos dos advogados são refutados por argumentos dos advogados adversários. Quando um juiz decide um litígio, ele tem a oportunidade de explicar a sua decisão; e pode-se exigir que assim o faça. Ordinariamente, pode-se recorrer da decisão a um tribunal superior, onde ela é revista por um colégio de juízes, cuja decisão encontra-se igualmente explicada no acórdão. Freqüentemente, pode-se ainda recorrer dessa decisão a outro tribunal e a outro colégio de juízes. Seria de pensar que o padrão desse argumento, seus méritos e defeitos estão sujeitos a críticas muito mais do que o normal. Ainda assim, o montante do que já se escreveu sobre o raciocínio jurídico e a diversidade de opiniões a esse respeito dão-nos outra impressão: a de que ele não é o que parece ser, como se estivesse sujeito a uma exigência que o exame direto não satisfaz.

Há algo característico no raciocínio jurídico, que é o fato de basear-se na analogia. Deixando as definições mais precisas para depois, um argumento analógico pode ser definido como raciocínio por meio de exemplo: encontra-se a solução de um problema ao relacioná-lo com um outro problema semelhante e sua solução. Um raciocínio desse tipo não é de maneira nenhuma exclusivo do direito; pelo contrário, é o meio pelo qual todos nós reagimos aos incontáveis problemas da vida cotidiana. Tampouco os argumentos analógicos substituem as outras formas de raciocínio do direito, quando estas são adequadas. No entanto, os argumentos analógicos são especialmente proeminentes no raciocínio jurídico, a ponto de serem considerados a sua marca característica. E, na qualidade de marca característica, não é das mais animadoras. Embora se reconheça o valor da analogia como figura de linguagem, geralmente se considera que o seu valor diz respeito à arte da persuasão e não à razão. Dizem que os argumentos analógicos são frouxos e propensos a enganar ou, de qualquer forma, que não são firmes o suficiente para sustentar uma conclusão contestada com seriedade. Nesse sentido, eles se contrapõem aos argumentos dedutivos e indutivos. Um argumento dedutivo está sujeito às normas da lógica formal, de acordo com essas normas, quer um argumento seja válido, quer inválido, e não há nada mais a ser dito. Um argumento indutivo não está formalmente determinado da mesma maneira, mas a sua conclusão pode ser testada experimentalmente e, mais uma vez, ele é comprovado ou não. Já a semelhança, condição central do argumento analógico, não é tão evidente e manifesta quanto à validade de um argumento dedutivo. As coisas (pessoas ou eventos) são semelhantes e dessemelhantes entre si e em relação a todos os outros tipos de coisas, de incontáveis maneiras, todas ao mesmo tempo. Simplesmente não existem normas que prescrevam o grau ou o tipo de semelhança suficiente para sustentar as analogias em geral ou uma analogia em particular. Tampouco é possível testar experimentalmente uma analogia, pois a semelhança da qual ela depende pode até não ser questionada, mas não tem nada a ver com a conclusão que se diz dela seguir, seja essa conclusão verdadeira ou falsa. A despeito de toda a proeminência dos argumentos analógicos que se constata no raciocínio efetivo de advogados e juízes, tais argumentos são em grande medida ignorados no modelo teórico de raciocínio jurídico que, explícita ou implicitamente, domina a análise jurídica. De acordo com esse modelo, o raciocínio jurídico é construído de normas determinadas que são vinculadas por inferência lógica, cuja precisão é possível averiguar, pelo menos em princípio. Geralmente o modelo é representado numa pirâmide: na base se encontram as decisões em casos concretos, derivadas de uma norma que, por sua vez, deriva de uma norma mais elevada, e assim por diante, até a mais elevada de todas, situada no ápice, da qual todas as demais derivam*. Numa alternativa, a norma mais fundamental corresponde à base da pirâmide, e cada norma

---

* Na literatura jurídica, muito já se versou sobre a diferença entre normas e princípios. Ronald Dworkin desenvolveu a distinção no seu artigo *The Model of Rules*, 35 U. Chi. L. Rev., p. 14 (1967), reeditado em Ronald Dworkin, *Taking Rights Seriously*, pp. 14-45 (1977). Para uma discussão útil (cética) sobre essa distinção, ver Frederick Schauer, *Prescriptions in Three Dimensions*, 82 Iowa L. Rev., p. 911 (1997). A diferença entre as normas – que, num sentido geral, proporcionam uma determinada reação a fatos específicos – e os padrões, os quais demandam um exame de todas as circunstâncias envolvidas, também tem sido muito discutida. Ver, p. ex., Duncan Kennedy, *Form and Substance in Private Law Adjudication*, 89 Harv. L. Rev., pp. 1.685, 1.687-1.713 (1976); Kathleen M. Sullivan, *Foreword, The Justices of Rules and Standards*, 106 Harv. L. Rev., pp. 24, 56-123 (1992). Seja qual for a importância dessas distinções, elas não se aplicam aqui. Neste texto, o termo "normas" (*rules*) refere-se freqüentemente a normas, princípios e padrões ou critérios (*standards*).

situada acima se baseia na que vem logo abaixo, até chegarmos à decisão de um caso, que se encontra no ápice*. Poucas pessoas ainda supõem, como outrora muito se afirmava, que a adesão escrupulosa a esse modelo é tudo o que se precisa para chegar ao resultado correto; de fato, se existe, nesse sentido, um resultado correto, trata-se de uma questão controversa[2]. Mas nossa incapacidade para demonstrar a verdade de uma decisão judicial como se fosse uma fórmula matemática é geralmente interpretada mais como uma limitação prática inerente ao tema refratário em questão do que como uma falha no modelo em si. Diz-se que o método apropriado para chegarmos a uma decisão é o seguinte: apresentar as normas aplicáveis, resolver quaisquer incompatibilidades entre elas e organizá-las numa perspectiva coerente dos fatos trazidos a litígio. Ronald Dworkin, por exemplo, defendeu veementemente a tese de que, a fim de obter a resposta certa, o juiz deve conformar sua decisão "a uma teoria abrangente composta de princípios gerais e diretrizes políticas"; com decisões anteriores não reformadas pela jurisprudência, e com decisões que a ins-

---

* O direito é construído de cima para baixo ou de baixo para cima? Trata-se de uma questão de importância considerável (ver pp. 113-6), embora usualmente ignorada na interpretação da construção da pirâmide metafórica, que é deixada para a imaginação individual. Não passou despercebido, entretanto, que, qualquer que seja o seu sentido vertical, a pirâmide não subsiste por si própria e requer um andaime externo. Pois a dependência que uma norma tem em relação a outra deve acabar em algum lugar. Se a pirâmide é construída de cima para baixo, parece não haver nada a sustentar o ápice; e, se é construída de baixo para cima, a própria base parece apoiar-se sobre o ar. Fornecer um firmamento ao ápice ou uma fundação à base é uma tarefa perene da teoria do direito. Ver pp. 127-33.

2. A mais forte afirmação de que existe uma "resposta certa" foi feita por Ronald Dworkin. Ver Ronald Dworkin, *Hard Cases*, 88 Harv. L. Rev., p. 1057 (1975), reimpresso in Ronald Dworkin, *Taking Rights Seriously*, pp. 81-130 (1977); Ronald Dworkin, *No Right Answer?*, 53 N.Y.U. L. Rev., p. 1 (1978), reimpresso in Ronald Dworkin, *A Matter of Principle*, pp. 119-45 (1985).

tituição estiver predisposta a tomar em circunstâncias hipotéticas"*[3]. Ao evocar a conhecida imagem da pirâmide, Dworkin diz que essa teoria abrangente deve ter "uma disposição vertical e outra horizontal": vertical, na medida em que o princípio justificativo deve ser "compatível com os princípios tomados para apresentar a justificação de níveis mais elevados"; e horizontal, na medida em que esse princípio "deve ser compatível também com a justificação proposta para outras decisões situadas nesse nível"[4]. Em outro texto, ele descreve o processo de decisão como uma "ascensão justificatória"[5]. Dworkin não leva em consideração se um juiz executará freqüentemente uma tarefa árdua como essa ou mesmo se ele se sentirá tentado a experimentá-la várias vezes. De modo admirável, ele dá a seu juiz exemplar o nome de "Hércules"[6]. Ademais, muitos estudiosos, sem negar que um juiz é obrigado a decidir de acordo com o direito, já questionaram se a plena realidade dessa obrigação pode estar contida em princípios claros e distintos. Entretanto, o recurso ao princípio, até onde isso é possível, e o modelo do raciocínio jurídico como uma ordem hierárquica de normas sujeitas a uma condição de compatibilidade vertical e horizontal não são em geral questionados, nem prática nem teoricamente*. É evidente

---

* Informações sobre estudiosos do direito e outros cujas opiniões são discutidas neste texto estão dadas no Apêndice B.
3. Dworkin, *Taking Rights Seriously*, nota 2, pp. 87-8.
4. *Idem*, p. 117.
5. Ronald Dworkin, *In Praise of Theory*, 29 Ariz. St. L.J., pp. 353, 357 (1997).
6. Dworkin, *Taking Rights Seriously*, nota 2, p. 105.
* No século XX, uma importante linha da teoria do direito norte-americana questionou, de maneira mais fundamental, se o processo judicial se dá na íntegra conforme sugere o modelo. A teoria do direito elaborada pela escola do realismo jurídico, proeminente nos anos 30, e a escola dos estudos jurídicos críticos, proeminente nos anos 80, asseveraram que as normas nas quais os tribunais pretendem basear-se mascaram decisões essencial-

que os argumentos analógicos não correspondem a esse modelo. Em vez de compor uma pirâmide de normas estruturadas por inferência dedutiva, os argumentos de advogados e juízes assemelham-se a brinquedos de montar: um caso está ligado a outro por semelhanças factuais que são avaliadas para garantir a aplicação da mesma norma.

Confrontados com essa discrepância entre o modelo teórico e o fato palpável de que os argumentos analógicos abundam, os estudiosos do direito já tiraram uma variedade de conclusões. Alguns afirmam que uma hierarquia de normas corresponde ao modelo oficialmente correto, embora frisem que há também espaço para os argumentos analógicos. Esses estudiosos frisam que, apesar de sua fraqueza lógica – aliás, por causa dela –, os argumentos analógicos cumprem uma função útil ao promover o ajuste de casos difíceis. Assim, em seu famoso estudo do raciocínio jurídico, Edward Levi observou que o argumento analógico é "imperfeito" e contém uma "falácia lógica"*. Entretanto, diz ele, trata-se do "padrão básico do raciocínio jurídico", e é "indispensável para a

---

mente políticas: não há separação clara entre atividade legislativa e atividade judicial; e os juízes, conscientes disso ou não, amoldam os resultados que alcançam aos cursos de ação política que são determinados de outra maneira. Embora os argumentos dos realistas e dos críticos (*Crits*, como são chamados) sejam uma valiosa correção às asserções simplistas segundo as quais as normas determinam em si mesmas e a partir de si mesmas a sua aplicação a casos concretos, a indiscriminada rejeição da força das normas não é convincente. Os realistas e os críticos elaboram seu argumento apenas na medida em que não entendem ou desconsideram inteiramente o papel que o raciocínio analógico desempenha na realização do funcionamento das normas. Eles caíram assim na mesma armadilha, ainda que com resultados contrários, que os formalistas jurídicos cujas teorias ridicularizaram. Ver pp. 113-6.

* Edward H. Levi, *An Introduction to Legal Reasoning*, p. 3 e n. 5 (1949). "A falácia lógica é a falácia do intermediário não distribuído ou a falácia de assumir que o antecedente é verdadeiro porque o conseqüente tinha sido afirmado." *Idem*, p. 5. Levi refere-se ao raciocínio analógico como "raciocínio por meio de exemplo" ou "raciocínio de caso a caso". *Idem*, p. 1.

paz numa comunidade", porque constitui o meio pelo qual o direito é cultivado, mudando conforme as opiniões da comunidade e à medida que vai sendo aplicado⁷. A convicção de Levi de que o processo judicial ajuda a preservar a "paz numa comunidade" pode parecer deslocada hoje em dia, uma época em que as decisões judiciais sobre temas como o aborto, o direito dos *gays* e as ações afirmativas são tão propícias a dividir quanto a unir a comunidade e as nomeações de juízes são uma questão política de peso*. Mas, em todo caso, o fato de ele admitir que o raciocínio analógico peca por imperfeição lógica leva-nos a especular se a paz não é obtida a um preço alto demais. Outros são mais céticos quanto às virtudes dos argumentos analógicos e acreditam que estes sejam usados de maneira excessiva. Richard Posner comentou que a razão por que os advogados consideram "irresistíveis" os argumentos analógicos é que estes habilitam aqueles "a chegar a conclusões sem ter que ler muito além do que está nos livros de direito", e declarou que a confiança dos juízes em tais argumentos reflete igualmente uma relutância em olhar para fora de seus gabinetes⁸. "Não é de surpreender", diz ele, "que o 'verdadeiro' raciocínio por analogia – indo de um caso antigo a um novo com base em alguma impressão de 'semelhança' – já foi fonte de tantas doutrinas judiciais perniciosas."**

---

7. Edward H. Levi, *An Introduction to Legal Reasoning*, p. 1 (1949).

* Nos Estados Unidos, na maioria dos casos, os juízes não são concursados, mas nomeados pelo chefe do Poder Executivo. (N. do E.)

8. Richard Posner, *Overcoming Law*, pp. 177, 519-20 (1995).

** Richard Posner, *Overcoming Law*, p. 519 (1995). Posner diz que não "deseja maldizer a analogia", *idem*, e que a utiliza de diversas formas. Ver *idem*, pp. 518-22; Richard A. Posner, *The Problems of Jurisprudence*, pp. 86-92 (1990). Mas o elogio é vago. "O raciocínio por analogia", diz ele, não tem "conteúdo ou integridade definidos; ele denota uma classe instável de métodos de raciocínio díspares", *idem*, p. 86. Ao observar que o "cerne do raciocínio jurídi-

A avaliação mais comum que se faz dos argumentos analógicos no direito vai além dos elogios ou censuras e assevera de maneira contundente que não há nada disso. Diz-se que não pode haver nenhum raciocínio "por meio de exemplo" de um caso concreto a outro a não ser que ele se dê através de um princípio geral que abranja ambos os casos. Assim, se uma pessoa observa que Sócrates é um homem e é mortal, e raciocina que Alcibíades, sendo um homem, é, por analogia a Sócrates, também mortal, o que ela de fato raciocina é que, uma vez que todos os homens são mortais, e que Alcibíades é um homem, logo Alcibíades é mortal. Caso contrário, ela não *raciocina* em absoluto; se sua conclusão estiver correta, será somente por coincidência. Pois, sem uma proposição geral que associe, de modo pertinente, Sócrates a Alcibíades, não há nenhuma base, analógica ou de outro tipo, para imputar a mortalidade do primeiro ao segundo. O dito argumento analógico, conclui Larry Alexander, é um "fantasma"; "ele não existe realmente"*.

---

co, tal como concebido pela maioria dos juristas atuais, é o raciocínio por analogia", *idem*, diz ele, "eu apenas questiono se o raciocínio por analogia, quando distinguido da dedução lógica e da indução científica, por um lado, e da norma do *stare decisis*, por outro, merece o entusiasmo e a reverência que os membros da profissão jurídica lhe conferem". *Idem*, p. 90.

Segundo o *Dicionário jurídico*, Maria Chaves de Mello, 8.ª ed., Editora Método, 2006, *stare decisis* "é uma máxima latina que quer dizer sê fiel ao que foi decidido (expressa a norma do precedente judicial obrigatório praticado pelos tribunais do sistema do *common law*, segundo a qual uma questão judicial deve ser decidida da mesma forma que uma questão semelhante anterior, privilegiando a uniformização da jurisprudência. A norma dispõe que a decisão do tribunal superior vincula o tribunal inferior, e que aquele também não pode desobedecer ao próprio precedente, a não ser por uma razão extraordinária. No primeiro caso, diz-se *vertical stare decisis* e, no segundo, *horizontal stare decisis*: a norma se fundamenta no princípio de que a certeza, a previsibilidade e a estabilidade da lei são os objetivos maiores do ordenamento jurídico, porque as pessoas devem nortear a sua conduta e relacionamentos sob a segurança de que são governadas pelas normas do direito)". (N. do T.)

* Larry Alexander, *Bad Beginnings*, 145 U. Pa. L. Rev., pp. 57, 86 (1996). Para opiniões semelhantes, expressas numa linguagem mais educada, ver, p.

INTRODUÇÃO XXI

Apesar de todas as diferenças entre essas opiniões, há franca concordância em que – deixando de lado os resultados políticos possivelmente benignos, o direito poderia não se basear, e faria melhor se absolutamente não se baseasse, nos argumentos analógicos – são "imperfeitos logicamente", "perniciosos", "um fantasma". Essa concordância é ainda mais notável porque, a despeito da insistente atenção dada por eles ao raciocínio que sustenta um resultado jurídico, os advogados e juízes parecem ignorar completamente esse problema. Se, como diz Posner, os advogados acham que os argumentos analógicos são irresistíveis no seu próprio trabalho, fica difícil entender por que não são capazes de resistir a eles nas peças processuais do advogado oponente. Embora as analogias particulares estejam muitas vezes no centro da contenda entre advogados oponentes e entre os juízes que votam com a maioria e os que dela divergem, rara-

---

ex., Melvin Aron Eisenberg, *The Nature of the Common Law*, p. 83 (1988): "Raciocinar por analogia é diferente de raciocinar a partir de precedentes e princípios apenas em relação à forma"; Kent Greenawalt, *Law and Objectivity*, p. 200 (1992): "O raciocínio por analogia não está categoricamente separado do raciocínio feito a partir de proposições gerais"; Neil MacCormick, *Legal Reasoning and Legal Theory*, pp. 161, 186 (1978): "Nenhuma linha divisória pode ser delineada entre argumentos a partir de um princípio e argumentos a partir de uma analogia", "As analogias fazem sentido apenas se há razões de princípio subjacentes a elas"; Peter Westen, *On "Confusing Ideas": Reply*, 91. Yale L.J., pp. 1.153, 1.163 (1982): "Não se pode declarar que *A* seja juridicamente semelhante a *B* sem que se formule antes a norma jurídica de tratamento pela qual eles se tornam idênticos de modo pertinente". A "ordenação vertical e horizontal" do raciocínio jurídico proposta por Dworkin (ver p. XVII) pertence também a esse campo. Ele observou: "A analogia sem teoria é cega. Uma analogia é uma forma de enunciar uma conclusão, não uma forma de obtê-la, e é a teoria que deve fazer o trabalho de verdade." Dworkin, *In Praise of Theory*, 29 Ariz. St. L.J., pp. 353, 371 (1997). Cass Sunstein em princípio parece concordar com isso – "o raciocínio analógico não pode proceder sem que se identifique uma idéia reguladora" –, embora acredite que, na prática, é o raciocínio analógico que ajuda a identificar a idéia, e não o inverso. Cass Sunstein, *Legal Reasoning and Political Conflict*, p. 65 (1996). Ver p. 11.

mente se encontra um vestígio de crítica ao argumento analógico em geral. Pelo contrário, a importância que é comumente atribuída à escolha da analogia dá a entender justamente o oposto. Não apenas figuram os argumentos analógicos de maneira proeminente nas peças processuais e nas sentenças judiciais; eles também constituem um traço definidor – poder-se-ia quase dizer um traço definitivo da formação jurídica*. É equivocada a opinião de que o raciocínio jurídico exclui o uso da analogia – apenas tolerado, talvez, como uma espécie de inépcia útil – ou o encara como um argumento dedutivo elíptico. Os argumentos jurídicos analógicos diferem dos argumentos analógicos que elaboramos no cotidiano apenas no que se refere ao seu conteúdo. Tanto no direito como na vida, o argumento analógico é uma forma de raciocínio válida, ainda que indemonstrável, que se sustenta por si mesma e tem as suas próprias credenciais, as quais não derivam de uma razão abstrata, mas, sim, têm raízes na experiência e no conhecimento dos advogados e juízes que a empregam. Alguns argumentos analógicos são bons e outros, ruins. Em geral, sabemos distinguir um do outro, e somos capazes de chegar a um grau satisfatório de concordância sobre qual é qual. A capacidade humana de raciocinar por analogia apresenta questões epistemológicas complexas e difíceis, mas o seu uso é costumeiro e as suas conclusões, geralmente confiáveis.

    A proeminência dos argumentos analógicos no raciocínio jurídico não é acidental. É da natureza do direito ser uma questão de normas, cuja aplicação integral a casos concretos se efetua por meio de raciocínios analógicos. Essa realidade opõe-se ao modelo de um raciocí-

---

* Ver pp. 115-9.

INTRODUÇÃO

nio jurídico totalmente contido numa hierarquia de normas ligadas entre si por inferência; opõe-se também à corrente que rejeita o raciocínio analógico por considerá-lo arbitrário e contrário ao Estado de Direito*. Sem a intervenção de argumentos analógicos, as normas jurídicas e o próprio Estado de Direito seriam apenas construtos teóricos.

São teses corajosas, que serão explicadas e defendidas nos próximos capítulos.

Em face disso tudo, é espantoso o contraste entre a crítica acadêmica ao raciocínio analógico, o seu uso difundido e a sua aceitação na prática. Isso indica que o impulso por trás dos esforços para avaliar o raciocínio jurídico por meio das regras da lógica formal e dos métodos da ciência empírica não se deve a uma fraqueza nos argumentos propriamente ditos. Antes, e sobretudo, esse impulso provém da convicção de que não basta que o direito seja razoável (no sentido de uma acomodação de interesses de indivíduos vivendo juntos em comunidade): o direito deve ser independente das contingências da experiência humana e absolutamente ancorado na razão. Embora aqueles que criticam o uso de argumentos analógicos em geral não façam essa relação, pode-se detectar em suas críticas o mesmo interesse pela validade do direito que abastece o perene debate, na teoria do direito, sobre a relação entre o direito natural e o positivismo jurídico, debate esse que, em razão dos horrores do nazismo, se tornou urgente após a Segunda Guerra Mundial[9] e, mais recentemente, avivou o debate sobre os cânones do constitucionalismo e da interpretação ju-

---
* Sobre o Estado de Direito, ver pp. 119-26.
9. Ver, p. ex., H. L. A. Hart, *Positivism and the Separation of Law and Morals*, 71 Harv. L. Rev., pp. 593, 613 (1958); Lon L. Fuller, *Positivism and Fidelity to Law – A Reply to Professor Hart*, 71 Harv. L. Rev., pp. 630, 659-60 (1958).

rídica[10]. (Cass Sunstein observou que o esforço de Levi para vincular o uso da analogia no direito à democracia foi uma resposta ao ataque dos realistas, que lançavam sobre o raciocínio jurídico as pechas de "político" e antidemocrático[11].) Os enfoques imediatos dados ao tema do método e ao do fundamento são diferentes: o primeiro tem a ver especificamente com o processo judicial, e o segundo, com o direito como um todo. Ambos os temas, porém, são suscetíveis à percepção de uma lacuna entre a enorme força normativa da lei, por um lado, e a sua suposta carência de força racional, por outro. Nessa perspectiva, o debate sobre a presença do raciocínio analógico no direito não se reduz a um preciosismo de lógica ou a uma mera discussão técnica, que interessa somente aos profissionais. Dentro da longa história do debate sobre a lei, como um produto da razão ou da vontade, cabe questionar se ela, afinal, é lei porque é justa ou apenas pelo poder dos que a proclamam. Entendido assim, o uso da analogia no raciocínio jurídico merece ser estudado não apenas como um importante aspecto do ofício do advogado, mas também por ser um lócus crucial das exigências normativas da lei e nos permitir entender mais de perto o próprio direito.

* * *

---

10. Para uma boa introdução ao debate, ver Antonin Scalia, *A Matter of Interpretation* (1997), que contém um ensaio de autoria do juiz – um ilustre expoente do "originalismo", a respeito do qual ver pp. 128-30 – e mais cinco comentários. A muito discutida teoria interpretativa de Ronald Dworkin é a apresentada em Dworkin, *A Matter of Principle*, nota 2, pp. 119-77, e Ronald Dworkin, *Law's Empire*, pp. 45-86 (1986). William N. Eskridge, Jr., *Dynamic Statutory Interpretation* (1994), oferece uma discussão completa sobre a interpretação das leis, com muitas referências.
11. Cass Sunstein, *Legal Reasoning and Political Conflict*, p. 75 (1996).

INTRODUÇÃO   XXV

Como o argumento analógico é uma parte tão conhecida do cenário jurídico, e – críticas acadêmicas à parte – tão inquestionável, creio que valha a pena apresentar os argumentos contra ele antes de iniciarmos a sua defesa. No capítulo I, trato de maneira um tanto detalhada da interpretação do raciocínio jurídico analógico feita por Scott Brewer[12]. A análise de Brewer é a mais completa e abrangente, abarcando, bem ou mal, todas as questões já levantadas por outros. Embora ele caracterize a sua análise como uma avaliação aprobatória, ela realça as posições reprovativas das quais discordo. As dificuldades da interpretação de Brewer, discutidas aqui, prefiguram as objeções ao raciocínio jurídico analógico, detalhadamente discutidas no capítulo III. O capítulo II oferece três casos ou grupos de casos para discussão. O primeiro, *Adams vs. New Jersey Steamboat Co.*[13], foi extraído do *common law* e já figurou em outras discussões sobre o uso da analogia no direito[14]. O segundo constitui-se de quatro casos decididos pela Suprema Corte durante um período de quarenta e quatro anos; nesse período, a Corte interpretou disposições da Lei Federal de Direitos Autorais que tinham a ver com as transmissões de rádio e televisão[15]. O terceiro é composto de dois casos, *Olmstead vs. Estados Unidos*[16] e *Katz vs. Estados Unidos*[17], em que,

---

12. Ver Scott Brewer, *Exemplary Reasoning: Semantics, Pragmatics, and the Rational Force of Legal Argument by Analogy*, Harv. L. Rev., p. 923 (1996).
13. 151 N.Y. 163 (1896).
14. Discute-se a relação entre o caso *Adams* e o argumento jurídico analógico em Brewer, nota 12, pp. 1003-6, 1013-6, e em Golding, nota 1, pp. 46-8, 102-10.
15. *Buck vs. Jewell-LaSalle Realty Co.*, 283 U.S. 191 (1931); *Fortnightly Corp. vs. United Artists Television, Inc.*, 392 U.S. 390 (1968); *Teleprompter Corp. vs. Columbia Broadcasting System, Inc.*, 415 U.S. 394 (1974); *Twentieth Century Music Corp. vs. Aiken*, 422 U.S. 151 (1975).
16. 277 U.S. 438 (1928).
17. 389 U.S. 347 (1967).

com um intervalo de trinta e nove anos entre eles, a Suprema Corte apreciou uma questão de direito constitucional relacionada à Quarta Emenda*. Tomados em conjunto, esses casos mostram claramente o quanto os tribunais se embasam no raciocínio analógico. Longe de considerá-lo um desconforto ou um embaraço, eles baseiam-se no raciocínio analógico de maneira segura, não como um expediente, isto é, como uma medida alternativa na falta de outra melhor, mas como uma parte central do argumento a ser elaborado.

Os capítulos III e IV são o núcleo do livro. O capítulo III inicia-se com um lembrete sobre como o uso do raciocínio analógico se impregna no cotidiano. Depois, recorre a exemplos desenvolvidos no capítulo II para descrever o lugar do raciocínio analógico nos argumentos de advogados e juízes. Ao discutir o processo judicial em geral, explica por que, segundo a natureza do direito, o raciocínio analógico não é apenas útil, mas indispensável. Por fim, o capítulo III trata dos argumentos de que o raciocínio analógico é, nos seus próprios termos, defectivo e fraco demais para suportar o peso que se lhe imputa.

No capítulo IV, discuto brevemente a maneira como – não obstante as asserções contrárias – somos capazes de elaborar argumentos por meio da analogia e confiar nos seus resultados. Segue-se uma discussão sobre o "método casuístico" da formação em direito, em que o raciocínio analógico desempenha um papel central. O capítulo continua com uma discussão sobre o modo como

---

* A escolha desses três exemplos não tem nenhum significado especial. O caso *Adams*, conforme observado, já foi usado como exemplo por outros em suas discussões sobre analogia. A escolha dos outros dois exemplos explica-se pelo fato de eu dar aulas sobre direitos autorais e processo penal constitucional.

INTRODUÇÃO   XXVII

o raciocínio analógico se relaciona com o Estado de Direito. Nas páginas conclusivas, estabeleço relação entre a busca da certeza no raciocínio jurídico e a busca da validade objetiva no próprio direito. Em ambos os casos, a busca provém, ao que parece, de uma mesma fonte: a sensação de que é preciso justificar de maneira incontestável as exigências normativas do direito. Tal certeza não existe. O direito se sustenta antes pela aplicação consciente da razão humana e da boa vontade.

Capítulo I
Analogia, raciocínio indutivo e raciocínio dedutivo

A interpretação que Scott Brewer dá aos argumentos jurídicos analógicos os insere numa ampla família de argumentos jurídicos e não-jurídicos, caracterizada pelo "uso de exemplos no processo de ir desde as premissas até a conclusão"[1]. Entre outros tipos de argumento jurídico presentes nessa família, ele menciona o raciocínio a partir de precedentes, a aplicação das normas de "igual proteção" e o cânone do *ejusdem generis** usado na interpretação de documentos**. Um argumento analógico, diz

---

1. Scott Brewer, *Exemplary Reasoning: Semantics, Pragmatics, and the Rational Force of Legal Argument by Analogy*, 109 Harv. L. Rev., pp. 923, 934 (1996).
* Em latim no original, *ejusdem generis*: do mesmo gênero. (N. do T.)
** Scott Brewer, *Exemplary Reasoning: Semantics, Pragmatics, and the Rational Force of Legal Argument by Analogy*, 109 Harv. L. Rev., pp. 923, 934-8 (1996). A norma *ejusdem generis* determina que um termo inserido numa série deve ser interpretado de modo coerente com outros termos mais específicos da mesma série. Por exemplo, em *Tallmadge vs. Stevenson* 681 N.E.2d 476 (Ohio App. 1996), interpretando um decreto segundo o qual "nenhum proprietário de, ou pessoa responsável por gado, cavalos, suínos, ovelhas, gansos, patos, cabras, perus, galinhas e outras aves domésticas, ou outros animais, deve permitir que eles circulem livremente", o tribunal decidiu que um gato não se inclui entre os "outros animais". Com base na doutrina do *ejusdem generis*, decidiu o tribunal, essa frase incluía apenas outros animais de fazenda, como os que foram especificados; pois, ainda que se possam encontrar gatos em fazendas, eles não são considerados animais de fazenda, mas animais de estimação.

ele, é mais que a simples analogia. É uma série esquematizada de passos, cuja "força racional" depende da "relação entre a verdade das premissas do argumento e a verdade de sua conclusão"[2]. A principal preocupação de Brewer é mostrar que o emprego de uma analogia, do modo como ele o descreve, dá ao argumento resultante uma força racional muito maior do que geralmente se supõe.

O esquema do argumento analógico, diz Brewer, compreende três passos:

1. A abdução num contexto de dúvida[3]. A pessoa que raciocina não conhece ao certo a extensão de algum termo – isto é, não sabe ao que ele se refere – que tem conseqüências jurídicas no caso a ser considerado. Falando de modo mais concreto, a pessoa não sabe ao certo como classificar juridicamente algum fenômeno – pessoa, coisa, evento, ou circunstância – em relação à matéria em pauta. Suponhamos, por exemplo, que um cão treinado fareje uma mala fechada e deixada em lugar público e informe o policial de que a mala contém drogas[4]. Será esse ato uma *busca* à qual devam aplicar-se os requisitos da Quarta Emenda? Se for uma busca, os requisitos da Emenda terão de ser atendidos; caso contrário, nenhuma informação obtida em decorrência de tal ato poderá ser usada em juízo contra o proprietário da mala, pois o farejamento terá violado seus direitos constitucionais. Se, por outro lado, o ato de farejar não for uma busca, a Quarta Emenda não será aplicável, e a informação será constitucionalmente admissível. Arrolando alguns exemplos de conduta policial que sejam mais ou menos semelhantes, e relacionando, por analogia, o

---

2. *Idem*, p. 928.
3. *Idem*, p. 962.
4. Ver *Estados Unidos vs. Chadwick*, 433 U.S. 1 (1977).

ato de farejar (o *alvo*) a um ou mais desses exemplos (as *fontes*), a pessoa que raciocina será capaz de *abduzir* uma norma que lhe permita classificar de modo aparentemente aceitável a conduta-alvo e a conduta-fonte: será capaz de saber quais condutas podem ser classificadas como "buscas" e quais não podem, o que lhe permitirá determinar se o ato de farejar é, ou não, uma busca.

Brewer trata a abdução, que em geral não é um conceito conhecido, como uma forma de inferência semelhante à dedução e à indução, nas quais existe uma relação particular entre a verdade das premissas e a verdade da conclusão. Assim como a verdade das premissas de um argumento dedutivo válido garante a verdade da conclusão, e do mesmo modo que a verdade das premissas de um argumento indutivo válido torna provável a verdade da conclusão, assim também a verdade das premissas de um argumento abdutivo torna possível a verdade da conclusão. Assim, por exemplo, ao sairmos de casa e notarmos que o gramado da frente está molhado, e considerando que o gramado ficaria molhado se tivesse chovido durante a noite, poderíamos abduzir a conclusão de que choveu. Com efeito, é verdade que o gramado também estaria molhado se os filhos do vizinho tivessem travado uma guerra de água sobre o gramado durante a noite, ou se o corpo de bombeiros tivesse testado as suas mangueiras no gramado, ou se a tubulação central de água tivesse estourado, ou se um canal subterrâneo tivesse irrompido, ou se Netuno tivesse dado uma festa no gramado, ou quaisquer outras possibilidades. No que se refere à *forma lógica* do argumento, qualquer uma dessas conclusões é tão provável quanto a conclusão de que choveu*. A abdução estabelece apenas ser *possível*

---

* Os exemplos mais conhecidos de inferência abdutiva são as "deduções" de Sherlock Holmes. Holmes regularmente faz elaboradas inferências a

que tenha chovido; pois, se o gramado não estivesse molhado, então (na ausência de outras circunstâncias especiais) não seria possível que tivesse chovido. A abdução é, portanto, uma forma muito fraca de inferência, caso possa de fato ser considerada uma inferência†. A função que Brewer imputa à abdução, isto é, a de ser o primeiro passo de um argumento jurídico por analogia, deriva da interpretação que Charles Peirce dá à noção de descoberta científica[5]. Segundo Peirce, quando um

---

partir de poucas e curtas observações. A possibilidade de existirem outros modos igualmente plausíveis de justificar as suas observações é na maioria das vezes ignorada. Ver Umberto Eco e Thomas A. Sebeok (org.), *The Sign of Three* (1983).

† Brewer observa que é controversa a noção de que a abdução está sujeita a uma "limitação racional" (Brewer, p. 19n, p. 946) – ou seja, se bem o entendo, a noção de que ela tem uma forma lógica definida que justifica a derivação de uma inferência das premissas à conclusão. Ele afirma, de modo um tanto equívoco, sua crença de que a abdução obedece a uma limitação racional, de que ela é "uma forma disciplinada de inferência (conquanto [...] não obedeça a uma orientação rígida) [...] e tem um alto grau de força racional" (*ibidem*, p. 947). Não vejo razão para discordar disso, contanto que se esteja cônscio do quão fraca ela é como inferência. No que concerne à forma lógica, a inferência que se faz a partir da premissa "o gramado está molhado", conclusão "choveu na noite passada" é simplesmente inválida, a menos que se modifique a conclusão com as palavras "é possível". Todavia, uma inferência fraca é melhor que nenhuma inferência. Rejeita-se, pelo menos, a conclusão (derivável da premissa (1) se chover de noite, então o gramado ficará molhado na manhã seguinte; e (2) o gramado não está molhado) de que *não* choveu na noite passada. Entretanto, uma vez que há, no que concerne à forma lógica, várias inferências abdutivas válidas que podem ser derivadas de uma única premissa, não se deve atribuir muita importância à força lógica da abdução. A questão que interessa é como se abduzem conclusões *corretas* – algo que Brewer não explica –, já que a inferência abdutiva é suplantada por inferências indutivas e dedutivas no argumento acabado e não tem nenhuma influência sobre a conclusão. Ver pp. 14-9.

5. Ver Brewer, nota 1, pp. 945-9. Há referências à abdução em todos os escritos de Peirce. Para uma extensa discussão, ver 5-6 *The Collected Papers of Charles Sanders Peirce* 5.180-212, 5.272-82, 5.590-604, 6.526-36 (C. Hartshorne & P. Weiss, orgs., 1931-35); 7 *The Collected Papers of Charles Sanders Peirce* 7.218-22 (A. Burks, org., 1958) (os números referem-se aos parágrafos). Para uma interpretação geral da teoria da abdução em Peirce, desenvolvida extensamente, ver K. T. Fann, *Peirce's Theory of Abduction* (1970).

cientista constata um fenômeno natural desconhecido e procura explicá-lo, geralmente lança hipóteses explicativas a partir de todas as explicações teoricamente possíveis. A sua escolha de hipóteses não se valida dedutiva ou indutivamente; apesar disso, se a sua escolha não tivesse uma base válida, a tarefa de formular e testar hipóteses seria infindável e a descoberta da explicação correta seria uma questão de sorte. Um ponto de discordância entre os filósofos da ciência é a questão de se o processo de descoberta científica tem algo que o prenda à razão, ou se ele é, antes, um fenômeno a ser explicado somente pelo prisma da psicologia[6]. De qualquer forma, é evidente que a abdução de uma hipótese não precisa ser um procedimento aleatório. Pois alguém que conhece o campo ao qual o fenômeno pertence está muito mais apto a acertar a hipótese correta do que alguém que não sabe nada sobre ele. Ao que tudo indica, a hipótese mais provável de ser correta é a de que choveu na noite passada. Mas, supondo que a questão fosse colocada a uma criatura recém-chegada de Marte, que não soubesse nada sobre assuntos terráqueos, como então ela chegaria a uma resposta? Ou ainda, supondo que se soubesse que os filhos do vizinho sempre travaram guerras de água no gramado: solicitado a abduzir uma explicação para o gramado molhado, o visitante de Marte ficaria completamente perdido, a não ser que supusesse que as condições na Terra se assemelham às de seu planeta. Já a pessoa que soubesse dos hábitos aquáticos do filho do vizinho não teria nenhuma dificuldade.

Assim, assevera Brewer, diante da situação do cão a farejar drogas (ou do policial a quem ele acompanha), uma juíza pode assolar as normas indicadas em casos ante-

---

6. Ver Fann, nota 5, pp. 1-5.

riores: se um policial vê num lugar público alguma coisa deixada à vista de todos, não se trata de uma busca segundo a definição da Quarta Emenda, ao passo que, se ele abre a bagagem e observa dentro dela alguma coisa, trata-se, aí sim, de uma busca; se por acaso ele ouve uma conversa num lugar público, não se trata de uma busca; mas, se, sub-repticiamente, escuta uma conversa num lugar privado, trata-se de uma busca, e assim por diante. Ao considerar essas e outras normas, a juíza abduz uma norma que resolve a causa submetida a sua apreciação: se um policial obtém informações sobre uma pessoa ou coisa, num lugar público, sem impor sua vontade à pessoa e sem tomar posse da coisa ou interferir no uso desta, não se trata de uma busca, segundo a definição da Quarta Emenda. Brewer chama essa norma abduzida de "norma que justifica uma analogia" ou NJA (*analogy-warranting rule* ou *AWR*)[7]. Ela justifica uma analogia porque contém, na forma generalizada de uma norma, a conexão analógica entre a fonte e o alvo que a motivaram. A juíza percebe, nesse exemplo, a semelhança entre observar ou ouvir por acaso uma pessoa num lugar público (a fonte) e um cão a farejar um recipiente num lugar público (o alvo), e conclui, por analogia, que, se um caso não constitui uma busca segundo a Quarta Emenda, o outro também não. A NJA oferece uma generalização a partir da qual uma conclusão sobre os fatos de um caso particular – o cão a farejar a mala – pode ser deduzida*.

---

7. Brewer, nota 1, p. 962.

*Embora a norma, acima declarada, seja suficiente para resolver dedutivamente o caso em questão, é evidente que ela pode ter que ser aperfeiçoada num outro caso com fatos diferentes. Consideremos que um oficial de polícia use uma máquina de raio X que lhe permite ver o que está dentro de um recipiente sem precisar abri-lo ou tomar posse dele. Nesses termos, a norma é aplicável. Mas, confrontando-se com novos fatos, pode-se querer corrigir a norma, acrescentando "e sem o uso de equipamentos tecnológicos". Pode-se

2. Confirmação ou negação da NJA[8].

A NJA inicialmente abduzida é apenas preliminar. Assim como o cientista submete sua hipótese a experimentos que a confirmam ou a negam por indução, também a pessoa que raciocina juridicamente testa a NJA na medida em que considera se a sua aplicação classifica de maneira aceitável o fenômeno-alvo e outros fenômenos relacionados, quais sejam, os que foram levados em conta quando foi formulada a NJA, e outros ainda. Ela cogita sobre os argumentos de fato e de princípio capazes de explicar e justificar a NJA ou, por outro lado, de contradizê-la. Assim, no caso do cão que fareja, os argumentos justificativos poderiam ser, entre outros: um cão farejador sinaliza exclusivamente a presença de drogas, de modo que não há aí nenhuma invasão significativa de privacidade; o proprietário de uma mala (que não contém drogas) sequer estará ciente de que o objeto foi farejado; os cães treinados são um meio não-intrusivo, econômico e efetivo de controlar o transporte de drogas. E os argumentos que contradizem a NJA poderiam ser, entre outros: o que uma pessoa esconde deliberadamente não deve estar, em geral, sujeito à exposição pública sem o

---

também não querer corrigi-la. Ver *Kyllo vs. Estados Unidos*, 533 U.S. 27 (2001).
Há diferenças entre o processo de abdução descrito por Peirce e o processo de raciocínio analógico de que trata Brewer. A hipótese científica abduzida é descritiva; ela explica o fenômeno observado (o gramado molhado). A norma jurídica abduzida é prescritiva; ela prescreve um resultado jurídico concernente ao fenômeno em questão (o cão que fareja a bagagem). A diferença, que pode ser significativa para outros propósitos, não afeta a idéia básica de Brewer, segundo a qual a função de uma analogia num raciocínio jurídico é apenas incitar que valida uma decisão; do mesmo modo que a hipótese científica abduzida incita a experimentação que confirma (ou nega) a explicação. Conforme evidenciam os passos subseqüentes do processo elaborado por Brewer, a analogia não desempenha nenhum papel na própria validação. Desse modo, Brewer explica a proeminência de analogias no raciocínio jurídico sem ter que reconhecer a analogia como uma forma distinta de raciocínio.

8. *Idem.*

seu consentimento; as pessoas não devem ter de se precaver contra métodos de investigação incomuns e não-detectáveis; a legitimidade de uma tática investigativa não deve depender do que ela trouxer à tona. Brewer chama esses argumentos de "arrazoados que justificam a analogia" ou AJA (*analogy-warranting rationales* ou *AWRas*)[9]. Considerando alternativamente o fenômeno em questão, outros exemplos de fenômenos semelhantes e a doutrina jurídica aplicável à questão, aquele que raciocina avalia a NJA e o AJA e, por um processo de "ajuste reflexivo"[10] recíproco, chega a uma norma que classifica de maneira aceitável o fenômeno: *se um cão fareja uma mala, sem nela interferir nem desrespeitar seu proprietário, a fim de esclarecer se ela contém drogas, não há uma busca à qual se aplicam os requisitos da Quarta Emenda*. A norma deve ser compatível com outras normas válidas do direito (que podem, elas mesmas, ter sido modificadas) e levar dedutivamente a uma conclusão, quando aplicada aos fatos da causa a ser decidida pelo tribunal. Brewer insiste em chamar essa norma modificada de "NJA", ainda que a analogia, tendo incitado a abdução da NJA inicial, não tenha mais nenhum outro papel a desempenhar e seja, assim, descartada.

3. **Aplicação da NJA**[11]. Tendo formulado uma norma para dar conta do fenômeno que provocou sua investigação, o raciocinante a aplica e, por meio de uma inferência dedutiva válida, chega a uma conclusão apropriada.

Embora Brewer se refira a todo o processo de três passos como um argumento analógico, é evidente que o trabalho da analogia está concluído no primeiro passo.

---

9. *Idem.*
10. *Idem*, p. 963.
11. *Idem.*

Em conformidade com a observação de Brewer – de que a abdução que parte de uma analogia e chega a uma norma (NJA) que a explica é uma inferência inválida[12] –, a importância da analogia, na sua opinião, não é de modo algum lógica nem justificativa, mas sim epistemológica ou psicológica; ela explica a maneira como o advogado ou juiz chega àquela norma particular dentre todas as normas possíveis*. Mas, após situar aquele que raciocina na pista certa, a analogia não tem mais nada a fazer; ela não o ajuda a chegar a seu destino e nem mesmo a determinar se de fato chegou ou não†. Incitada a formulação de uma NJA, a analogia sai do horizonte e já não precisa ser mencionada nem mesmo conhecida; aparentemente, a NJA bem poderia ter sido encontrada num sonho**, como também poderia ter simplesmente "estalado" na cabeça de quem raciocina. É possível que ambos os elementos da analogia, a fonte e o alvo, reapareçam no segundo passo – o do estágio confirmatório –, embora apenas na qualidade de exemplos, entre outros, por meio dos quais se pode testar a NJA. A afinidade entre a NJA e os AJA se estabelece, por um lado, a partir de argumentos comuns, que contemplem a conveniência e a eficiência; e, por outro, a partir de sua coerência. O terceiro passo do processo – a aplicação da NJA confirmada a fatos particulares – é, conforme declara Brewer, dedutivo. Rememorando o argumento do fim ao início, aquele que raciocina não se depara mais com a analogia,

---

12. *Idem*, p. 949.

* Na medida em que não se explica a abdução da analogia à NJA – ver p. 13 –, mesmo essa informação é limitada.

† Posner evidentemente está de acordo com isso. A analogia, segundo ele, pertence à "lógica da descoberta", não à lógica da "justificação". Richard A. Posner, *The Problems of Jurisprudence*, p. 91 (1990).

** Ao falar sobre o processo de descoberta científica, Brewer sugere que um sonho poderia ocupar o lugar de uma analogia. Brewer, p. 19n., p. 979.

já que esta não tem lugar na estrutura lógica do argumento. O que se apresenta como uma explicação e defesa do argumento analógico no raciocínio jurídico acaba por atribuir-lhe apenas um papel incidental e dispensável, conquanto generalizado e, por vezes, útil. Toda a operação que importa – a de justificação – é realizada no segundo passo pelos AJAs.

É patente que Brewer é levado a encaixar uma analogia nesse processo de três passos por acreditar que, posicionada de maneira independente, ela não possui força racional. Uma analogia, explica ele, constitui-se da semelhança observada entre dois fenômenos (a fonte e o alvo); da identificação de alguma característica adicional na fonte, feita por observação ou outro recurso; e da conclusão de que o alvo (provavelmente) tem também essa característica[13]. A forma lógica de uma analogia é a seguinte:

(1) A (a fonte) tem as características *p*, *q* e *r*.
(2) B (o alvo) tem as características *p*, *q* e *r*.
(3) A também tem a característica *s*.
(4) Portanto, B também tem a característica *s*.

Mas as proposições (1) – (3) não sustentam a (4) sem uma premissa adicional:

(3.1) Se qualquer coisa que tem as características *p*, *q* e *r* tem a característica *s*, então todas as coisas que têm as características *p*, *q* e *r* têm a característica *s*.

Com o acréscimo de (3.1), é possível construir um silogismo válido. Em termos mais simples:

---
13. *Idem*, p. 967.

(3.2) Qualquer coisa que tem as características *p*, *q* e *r* tem a característica *s*;
(2) B tem as características *p*, *q* e *r*;
(4) Portanto, B tem a característica *s*.

Uma analogia direta, que não aceita nem uma proposição da forma (3.1) nem uma proposição da forma (3.2), é simplesmente inválida. Do ponto de vista lógico, ou analítico, não há mais nada a ser dito. Brewer supera essa invalidade associando a analogia com o segundo passo indutivo e com o terceiro passo dedutivo; esses dois passos, porém, mais ignoram a analogia do que a reforçam. Se, como diz Brewer, o argumento acabado depende da relação entre as premissas e a conclusão, segue-se que a sua força racional não é maior com a analogia do que sem ela. Assim, a despeito de sua postura aprobatória, Brewer parece estar de acordo com o grupo daqueles a quem chama de "céticos", que rejeitam totalmente o raciocínio analógico[14].

Brewer contrasta os céticos com aqueles que têm mais confiança na força persuasiva da analogia, chamados por ele de "místicos"[15]. Levi, que endossou o argumento analógico sem explicá-lo, foi, ao que parece, um místico. Entre os acadêmicos contemporâneos, o místico supremo, diz Brewer, é Cass Sunstein[16], que de modo geral seguiu o legado de Levi. Assim como Levi, Sunstein observa que "o raciocínio por analogia (...) é o modo pelo qual o advogado usualmente opera"[17], e o recomenda como um meio de resolver disputas quando não há acordo sobre os princípios subjacentes. Os advogados e juí-

---
14. *Idem*, pp. 933, 953-4.
15. *Idem*, pp. 933, 952-3.
16. *Idem*, p. 952.
17. Cass Sunstein, *Legal Reasoning and Political Conflict*, p. 69 (1996).

zes recorrem ao raciocínio analógico, afirma ele, quando lhes falta uma "teoria abrangente que explique os resultados particulares produzidos [pelo raciocínio analógico]"[18]. Tal raciocínio, diz Sunstein, dá origem a "acordos apenas parcialmente teorizados", o que permite a resolução de disputas concretas a despeito de incertezas ou desacordos mais fundamentais[19]. Se Levi tinha encontrado virtudes democráticas em tais resultados, pois "os exemplos ou analogias instados pelas partes trazem à jurisprudência as idéias comuns da sociedade"[20], Sunstein, por sua vez, não vê nisso nenhuma relação especial com a democracia. Seria "muito surpreendente", observa, "se pudéssemos identificar algum mecanismo que traduzisse os anseios democráticos num raciocínio analógico (...) A força de qualquer argumento por analogia depende, na realidade, dos princípios subjacentes e não dos desejos da comunidade"[21]. Não obstante, ele recomenda o uso da analogia, já que ela muitas vezes permite que uma comunidade heterogênea, e até mesmo profundamente dividida, obtenha um consenso limitado que preserve o primado do direito.

Brewer ironiza delicadamente os místicos por acreditarem que a analogia "tem uma qualidade inefável qualquer que nos autoriza a confiar-lhe as questões de Estado mais profundas e difíceis"[22]. Sua colocação é bem fundamentada. Levi reconhece de modo explícito que o raciocínio analógico é logicamente imperfeito, e Sunstein, de fato, faz o mesmo. Ao exaltar as virtudes dos acordos apenas parcialmente teorizados, obtidos com base numa

---
18. *Idem*, p. 68.
19. *Idem*, p. 35.
20. Edward H. Levi, *An Introduction to Legal Reasoning*, p. 5 (1949).
21. Sunstein, nota 17, p. 75.
22. Brewer, nota 1, p. 933.

analogia, Sunstein tece o seguinte comentário: "Na verdade, o raciocínio analógico não pode seguir adiante sem a identificação de uma idéia reguladora (...) que responda pelos resultados no caso-fonte e no caso-alvo."[23] Apesar disso, diz ele, a analogia é importante porque "ajuda a identificar a idéia reguladora"[24]. Isso, porém, tem tão pouco a ver com a validade do argumento quanto os passos abdutivos de Brewer. Do ponto de vista lógico, o "x" do problema é que o raciocínio analógico "não pode seguir adiante" por si só. Se tomarmos suas palavras ao pé da letra, poderemos considerar Sunstein um cético travestido de místico. E, de fato, por que devemos dar crédito à opinião benigna de Levi ou de Sunstein sobre os argumentos analógicos? Se, como dizem eles, os argumentos analógicos são maus argumentos, então por que deveríamos fiarmo-nos neles metodicamente para produzir bons resultados? Tanto Levi quanto Sunstein devem estar enganados em relação à fraqueza formal dos argumentos; ou então, pode-se supor, devem estar enganados em relação à sua qualidade positiva.

É de notar que Brewer tenha muito pouco a dizer sobre a analogia, afora o fato de chamar a atenção para a sua invalidade dedutiva[25]. Bem entendido, ele diz que "há inevitavelmente um momento imaginativo, não-codificável, presente no raciocínio analógico feito a partir de exemplos", e "há uma arte em fazer analogias adequadas, instrutivas e imperiosas"[26]. Esse "momento imaginativo, não-codificável", ou essa "arte", é o que os místicos poderiam rotular simplesmente de "intuição". Brewer só escapa à crítica que ele mesmo dirige aos místi-

---
23. Sunstein, nota 17, p. 65.
24. *Idem*.
25. Brewer, nota 1, pp. 933, 952-3.
26. Brewer, nota 1, pp. 954, 964.

cos porque defende a tese de que, com efeito, qualquer que seja o fundamento ou a origem de uma analogia, ela não tem nenhum lugar formal a ocupar num argumento jurídico correto e, portanto, não afeta a força racional do argumento. O núcleo do problema, assevera Brewer, e a razão por que as analogias são tão difíceis de dominar, é a exigência de uma *semelhança pertinente*[27]. Todas as teorias do argumento analógico concordam em que uma analogia só será bem-sucedida e justificará a sua conclusão se a semelhança observada entre a fonte e o alvo tiver relação de pertinência com a nova semelhança que está em questão*. A colocação é óbvia. Ninguém, exceto uma criancinha, esperaria que uma bola de tênis vermelha tivesse o mesmo sabor que uma maçã, ainda que elas sejam consideravelmente semelhantes em tamanho, forma e cor; tais semelhanças, fortes o bastante em alguns aspectos, não têm relação alguma com o sabor delas. Mas, diz Brewer, a noção de semelhança pertinente "teima em resistir à explicação conceitual" e obsta a análise da força lógica dos argumentos analógicos, que permanecem, assim, "um mistério jamais perscrutado"[28]. O segundo passo de seu processo, a confirmação da NJA, poderia ser entendido como um esforço para desembaralhar a noção de semelhança pertinente sem, porém, afirmar a precedência epistêmica quer da semelhança observada

---

27. *Idem*, p. 933.
* Embora se possa dizer vagamente que o valor de uma analogia depende simplesmente da extensão ou força da semelhança entre os dois itens comparados – fonte e alvo –, a diferença não é uma questão de quantidade ou força, mas de pertinência. Dois itens que se assemelham de maneira muito próxima poderiam, entretanto, compor uma má analogia, porque são dessemelhantes em algum aspecto que é muitíssimo pertinente ao problema em questão, e sem importância em outros casos.
28. *Idem*.

ANALOGIA, RACIOCÍNIO INDUTIVO E RACIOCÍNIO DEDUTIVO 15

quer dos fatores que a tornam pertinente. Assim, poderíamos dizer, uma fonte e um alvo apresentarão uma semelhança pertinente entre si e a analogia bem-sucedida se houver razões (AJAs) para concluir que as características interpretadas como semelhantes são acompanhadas com regularidade pela característica que está em questão. Mas Brewer pretende algo a mais – e algo a menos – do que isso. Ele quer justificar a proeminência das analogias no raciocínio jurídico e, portanto, dar-lhes um lugar efetivo nos argumentos jurídicos; daí o papel da analogia no primeiro passo, qual seja, a abdução da NJA. No fim, entretanto, o seu interesse não é epistemológico, mas lógico, não é voltado para as origens psicológicas ou intelectuais de um argumento jurídico, mas sim para a sua capacidade de persuadir racionalmente. Por conseqüência, ao negar à analogia qualquer força racional própria, Brewer não lhe oferece nenhum uso analítico, descartando-a do argumento acabado. Ainda que os juízes e advogados dêem peso independente à analogia e não construam seus argumentos conforme o modelo proposto por Brewer, ainda assim, diz ele, devemos reinterpretá-los dessa maneira a fim de patentear a força racional deles. A reinterpretação evita a inferência abdutiva inválida que volta da conclusão à premissa, ou do conseqüente ao antecedente, substituindo-a por um convincente argumento instrumental validado por uma indução (o AJA), que fornece como resultado uma proposição (a NJA confirmada) a partir da qual se pode deduzir formalmente uma conclusão sobre o caso em pauta. A NJA confirmada é, com efeito, a premissa maior, e os fatos do caso são a premissa menor de um silogismo válido.

Brewer acredita que a sua teoria do argumento analógico no raciocínio jurídico reforça a nossa aspiração ao primado do direito[29]. Mas o significado concreto desse primado está longe de ser claro; no nível da aspiração, ele se encontra intimamente ligado à versão do direito como razão, não sujeito à vontade e ao capricho individuais, mas, antes, como algo sempre conforme aos critérios racionais*. De acordo com essa visão, não se deve solucionar um problema jurídico concreto considerando todas as suas particularidades concretas e imaginando uma solução igualmente particular, mas sim encontrando ou formulando uma norma que tenha sido aplicada até aqui – na prática ou na teoria – a problemas desse tipo, e doravante – na prática ou na teoria – também será aplicada da mesma maneira. A entrada em jogo da NJA – que entra em "ajuste reflexivo" com outras normas jurídicas por meio do AJA – parece atender a esse aspecto do direito; e a forma dedutiva do argumento final realiza-se com todo o vigor da lógica formal[30]. No entanto, não é por acidente o fato de que o terceiro passo do argumento omite por completo não apenas a analogia com que o argumento se inicia, mas também, e de maneira mais significativa para esses fins, o AJA. Uma vez que o objetivo do segundo passo é plasmar uma NJA que se aplique especificamente aos fatos particulares do caso, a aplicação da NJA no terceiro passo nada mais é que a confirmação de uma conclusão que já fora efetivamente obtida**. Na sua forma final, o argumento con-

---

29. *Idem*, p. 1.027.
* Ver pp. 123-33.
30. Ver *idem*, pp. 991-4, 1.003-6.
** Não há nenhuma garantia de que a NJA, na sua forma final, será aplicada em algum caso subseqüente, pois será simplesmente uma entre outras normas e cursos de ação considerados como partes dos AJA que levam à formulação de uma NJA confirmada para esse caso. Não há sequer garantia de que ela conservará a mesma forma, como elemento dos AJAs, num caso subseqüente. Caberá ao tribunal extrair, então, a norma de casos anteriores para utilizá-la no que está em questão. Ver pp. 73-7.

quista sua validade formal ao preço de ser uma concha vazia.

Por outro lado, no argumento inteiramente desenvolvido, o AJA ocupa lugar de destaque, mas ao preço da ruína do primado do direito. A abdução inicial da NJA no primeiro passo não é suficiente para corroborar a razoabilidade do processo; nem poderia, já que, conforme Brewer afirma, uma inferência abdutiva é formalmente inválida. Tal abdução tem de ser confirmada por meio da referência ao AJA, que a explica e justifica[31]. Contudo, tanto o primado do direito quanto a própria função da NJA na teoria de Brewer se resumem precisamente à idéia de que a norma deve ser obedecida por ser a norma, e não por ser dotada de uma justificação independente*.

É verdade que a norma pode ser questionada, e que, caso isso ocorra, serão exigidas razões para segui-la. Não obstante, a adesão ao primado do direito e o devido respeito pela diferença entre as atividades legislativa e judicial impõem a necessidade de que as razões sejam procuradas dentro dos limites da estrutura do direito, e não nos espaços abertos da política e de sua eficiente implementação. A escolha ou a formulação de uma norma em detrimento de outra pode exigir uma apreciação inteligente do cenário jurídico que se está mapeando. Mas isso é bem diferente de sustentar a constante confirmação ou refutação, por razões explicativas e justificativas de caráter geral, da norma que presidiu à solução de um litígio. Brewer poderia responder que não exige, em cada caso, uma consulta exaustiva dos AJAs; se a NJA fixada for bem conhecida e incontestada, poderá ser aceita sob essas condições. A questão, entretanto, não é se pode-

---

31. *Idem*, p. 965.

mos às vezes tomar um atalho, mas se queremos, em princípio, ir naquela direção. Embora quisesse tomar um caminho intermediário entre os formalistas, que afirmam a validade de um sistema dedutivo do direito, e aqueles que, rejeitando o formalismo, afirmam que o direito não se sujeita a nenhuma restrição principiológica, Brewer acabou incorrendo em algumas das dificuldades de ambas as correntes. Sustenta a afirmação dos formalistas, mas o sistema dedutivo em que ele se baseia é vazio. Já os antiformalistas encontram-se livres até mesmo da limitação de aderir a uma norma, uma vez que são convidados, em cada caso, a submeter ao teste de justificação instrumental a norma em que se baseiam.

Procurando domesticar os argumentos jurídicos analógicos e integrá-los no âmbito da lógica inferencial, Brewer não sustenta – como quer crer – o primado do direito; antes, anula-o. Pois nenhum conjunto fechado de normas – por mais que se determinem e relacionem entre si – pode prescrever totalmente a aplicação das normas aos fatos específicos de um caso concreto*. As normas, tomadas simplesmente como normas, permanecem inevitavelmente genéricas. Sem os limites que os argumentos analógicos propiciam, o primado do direito seria uma idéia abstrata, isolada da decisão das causas concretas.

Em suma, ao pretender explicar a proeminência dos argumentos analógicos no raciocínio jurídico, Brewer relega a própria analogia a um papel insignificante. Por acreditar que uma analogia, considerada em si mesma, se apóia numa inferência inválida, não tendo assim nenhuma força racional, Brewer imputa-lhe a função meramente incidental de pôr em movimento a sua seqüên-

---
*Ver pp. 64-7.

cia ternária de passos: abdução, indução e dedução. Pode-se bem indagar por que, no final das contas, a seqüência completa chama-se argumento "analógico"; talvez seja para pôr em relevo, ainda que de modo superficial, o fato de o uso da analogia ser uma característica especial do raciocínio jurídico. Ao mesmo tempo, privando a analogia de qualquer significado independente, a teoria de Brewer sobre o raciocínio jurídico não define os meios pelos quais as normas jurídicas devem ser aplicadas a casos concretos na qualidade de normas, e não simplesmente como uma sugestão recomendável em face das circunstâncias. Ao fim e ao cabo, ele deixa sem explicação, por um lado, a desconcertante confiança de advogados e juízes no raciocínio analógico, e, por outro, a difundida depreciação e rejeição do raciocínio analógico por parte dos acadêmicos do direito.

A defesa apresentada por Brewer da força racional do argumento jurídico analógico, reinterpretado segundo seus ditames, é no fundo um esforço para justificar o direito como exercício da razão e não da vontade, seguindo a tradição jusnaturalista, segundo a qual a validade do direito depende de sua conformidade com algum padrão exterior de verdade, e não simplesmente da autoridade daqueles que o promulgam. Se – procede a defesa – os argumentos analógicos no direito podem, apesar das aparências, submeter-se às exigências da razão, então a fidelidade ao direito se justifica*. A reinter-

---

* Pode-se objetar que, qualquer que seja a força racional do argumento interpretado, o indelével elemento normativo do AJA faz com que o direito seja, em última análise, um produto da vontade. Brewer não trata dessa questão. Penso que ele diria que, se a argumentação do raciocínio jurídico não é válida, já não importa saber quais são as bases da posição normativa do direito; mas, mesmo que o seu resgate da força racional do argumento jurídico não seja suficiente para dar conta desse assunto, é necessário que se faça isso. Seu apaixonado interesse pela racionalidade do direito torna ainda mais imprová-

pretação de Brewer não chega a bom termo porque não tem o efeito de validar os argumentos analógicos, mas de torná-los não-pertinentes. O lugar deles no raciocínio jurídico é por demais reiterado para que se aceite isso. Como todos concordam, o uso da analogia não é ocasional nem incidental, mas generalizado, e, à primeira vista, tem a persuasão como finalidade principal; não é somente um aparte interessante ou o relato de um evento psicológico. Tampouco é possível minimizar o papel desse uso, considerando-o apenas um hábito curioso da profissão jurídica – aquilo que os franceses chamam de *déformation professionelle* – ou simplesmente um engano. Se a força normativa do direito depende do seu compromisso com a razão, é preciso encontrar um lugar para os argumentos analógicos pelos seus próprios méritos.

---

vel que ele desistisse de tudo isso por se tratar de um problema sem solução. De minha parte, a asserção da incapacidade de *demonstrar* o fundamento normativo último do direito – sobre sua dependência de uma norma fundamental, ver Hans Kelsen, *Pure Theory of Law*, p. 46 (traduzido da segunda edição alemã, M. Knight, trad., 1967) ou da "norma de reconhecimento", ver H. L. A Hart, *The Concept of Law*, pp. 94-5 (2.ª ed., 1994) – significa que o direito não é (em última análise) um produto da razão, mas sim da vontade que restringe indevidamente os limites da razão. Creio que seja esse o erro que Brewer comete em relação à argumentação jurídica. Ver pp. 123-5.

Capítulo II
Barcos a vapor, radiodifusão e escuta eletrônica clandestina

a. Common Law: *Adams vs. New Jersey Steamboat Co.*

Adams ia de Nova York a Albany a bordo do barco a vapor do requerido. À noite, depois de trancar a porta e fechar as janelas de seu camarote, deixou determinada quantia de dinheiro numa de suas roupas. O dinheiro foi roubado por alguém que, ao que parece, conseguiu passar por uma das janelas. Adams moveu uma ação a fim de recuperar o total de sua perda. O júri pronunciou um veredicto favorável a Adams, que teve ganho de causa. O julgamento foi confirmado quando da apelação, e o requerido intentou novo recurso de apelação no Tribunal Recursal de Nova York[1].

Tudo o que o tribunal tinha de decidir era se o juiz de primeira instância havia instruído devidamente o júri de que, naquelas circunstâncias, o réu tinha responsabilidade objetiva, independente de prova de que tivesse sido negligente. Na decisão, depois de feito o relatório, o tribunal invocou, sem nenhuma explicação suplementar, a norma de que os hoteleiros são objetivamente respon-

---

1. *Adams vs. New Jersey Steamboat Co.*, 151 N.Y. 163 (1896).

sáveis pelas perdas de seus hóspedes. A norma, segundo o tribunal, baseava-se na consideração do interesse público: os hoteleiros devem ter um "alto grau de responsabilidade" por causa da "extraordinária confiança (...) necessariamente depositada neles" e pela "enorme tentação de fraudar e pelo risco de saques" ocasionados pelas "relações peculiares entre as partes"[2]. As relações de um operador de barco a vapor com os seus passageiros, prosseguiu o tribunal, "não diferem em nada de essencial": "o passageiro obtém e paga pelo seu quarto, pelas mesmas razões que um hóspede num hotel", "havendo as mesmas oportunidades para fraudar e saquear" que instigam um hoteleiro[3]. Com efeito, "um barco a vapor que transporta passageiros sobre a água, provendo-os de quartos e hospitalidade, é, para todos os efeitos, um hotel flutuante"[4]. "Uma vez que as mesmas considerações de interesse público se aplicam a ambas as relações", a norma, nos dois casos, deve ser a mesma[5]. Por outro lado, poder-se-ia pensar que o camarote de um barco a vapor se assemelha mais ao leito do vagão-dormitório de um trem – cujo operador não tem responsabilidade objetiva – do que a um quarto de hotel, uma vez que aqueles dois casos implicam uma viagem de um lugar a outro. Mas o tribunal pensou de outra maneira e acrescentou uma extensa passagem que distinguia as relações de um operador de barco a vapor com seus passageiros das de um operador de vagão-dormitório de trem com seus passageiros[6]. O tribunal, então, voltou para a questão principal. Um barco a vapor é um desses "modernos palácios

---

2. *Idem*, p. 166.
3. *Idem*, p. 167.
4. *Idem*.
5. *Idem*.
6. *Idem*, pp. 168-70.

flutuantes"⁷, e um viajante a bordo de um barco a vapor "estabelece, com aquele que o transporta, relações jurídicas que não podem ser completamente distinguidas das que existem entre o hoteleiro e seus hóspedes (...) As duas relações, embora não sejam idênticas, são tão análogas entre si que devem ser regidas pela mesma norma de responsabilidade"⁸.

A analogia entre um hotel e um barco a vapor que oferece camarotes aos passageiros desempenha evidentemente um papel fecundo no raciocínio do tribunal. Faz-se uso de argumentos relativos ao interesse público para explicar a norma existente que se aplica a hotéis, a qual é então aplicada a barcos a vapor com base na analogia. Do mesmo modo, o tribunal se esforça para explicar por que não há uma analogia pertinente entre um vagão-dormitório e um hotel⁹. Acrescente-se a isso uma razão de prudência: "Os passageiros não têm nenhum direito de esperar, e de fato não esperam, o mesmo grau de segurança contra ladrões quando se encontram no leito aberto de um trem a correr em via férrea, em relação a quando estão no camarote de um barco a vapor, seguramente trancado e protegido contra qualquer entrada indevida."¹⁰ Até isso, entretanto, é corroborado pela analogia entre um camarote e um quarto de hotel*. Revela-se

---

7. *Idem*, p.170.
8. *Idem*.
9. *Idem*, pp. 168-9.
10. *Idem*, p. 169.

* "No segundo caso [o passageiro num camarote], quando se recolhe à noite, ele deve ser capaz de confiar na proteção da empresa *com a mesma fé que o hóspede deposita na proteção oferecida pelo hoteleiro, uma vez que as duas relações são bastante análogas*. No primeiro caso [o passageiro num vagão-dormitório], o contrato e as relações das partes diferem pelo menos a ponto de justificar-se alguma modificação da norma de responsabilidade segundo o *common law* [ou seja, a norma aplicável aos hoteleiros]." *Adams vs. New Jersey Steamboat Co.*, 151 N.Y. 163, 169 (1896) (grifo meu).

a importância da analogia entre um hotel e um barco a vapor se comparamos o argumento do tribunal, em seu sentido literal, com a reinterpretação de Brewer, que, depois de mal dirigir uma saudação educada à analogia entre um hotel e um barco, logo a rejeita[11]. O papel da analogia, diz ele, é conduzir o tribunal por meio da abdução a uma norma geral (NJA) segundo a qual, se uma pessoa deposita grande confiança em outra, em circunstâncias que criam grande tentação de fraude e risco de saque, esta tem responsabilidade objetiva pelas perdas daquela. Por si própria, a analogia não traz consigo nenhum peso racional nem oferece nenhum apoio, proveniente dela mesma, à norma. Que uma analogia venha à mente do tribunal não é fato explicável: é, evidentemente, um simples "momento imaginativo não-codificável"*. A norma é então testada e justificada pela consideração dos cursos de ação que favoreçam uma tal responsabilidade (o AJA) e pela comparação dela com normas alternativas aplicadas em outras circunstâncias[12].

Não é difícil reconstruir o argumento do tribunal da maneira como Brewer propõe. Mas a reconstrução transforma o argumento. Diminui radicalmente o papel desempenhado pela analogia, a qual, na realidade, não funciona apenas como um estímulo ao raciocínio do tribunal; antes, é um elemento central desse raciocínio, introduzindo na decisão uma norma geral muito mais ampla que qualquer coisa que o tribunal diga. A partir da decisão, poder-se-ia inferir que, pelo menos em algumas circunstâncias, caso se deposite confiança numa empresa que oferece serviços ao público – e cria uma oportunida-

---

11. Scott Brewer, *Exemplary Reasoning: Semantics, Pragmatics, and the Rational Force of Reasoning by Analogy*, 109 Harv. L. Rev., pp. 923, 1.003-6, 1.013-6 (1996).
*Ver pp. 13-4.
12. Ver *idem*, pp. 1.006-16.

de para saqueá-lo –, a empresa tem responsabilidade objetiva. Mas a decisão não se expressa dessa forma; na mesma medida em que a norma geral excede os limites da analogia entre um hotel e um barco a vapor, ela é uma norma especulativa, que aguarda outra causa em que outros fatos serão ou não serão considerados, analogicamente, como sujeitos à mesma norma. Poder-se-ia especular, por exemplo, sobre a responsabilidade de uma diligência ou de um ônibus que transporta passageiros durante a noite; mas, em vista das diferenças entre um hotel e um barco a vapor, por um lado, e uma diligência ou um ônibus, por outro, tal especulação poderia prosseguir numa ou noutra direção e estaria longe de ser unívoca. Brewer poderia responder que a NJA não precisa ser tão ampla. Ela poderia referir-se apenas a hoteleiros e operadores de barco a vapor, isto é: "Quando uma pessoa deposita grande confiança num hoteleiro ou num operador de barco a vapor, em circunstâncias de risco de saque que criam uma grande tentação de fraudar, o hoteleiro ou o operador de barco a vapor tem responsabilidade objetiva pelas perdas dessa pessoa." Isso, entretanto, não explica a razão por que essa responsabilidade se restringe a hoteleiros e operadores de barcos a vapor; assim, adota-se a conclusão da analogia, embora se oculte o processo mental que a produz.

b. Legislação: ***Buck vs. Jewell-LaSalle Realty Co.;***
Fortnightly Corp. vs. United Artists Television, Inc.;
Teleprompter Corp. vs. Columbia Broadcasting
System, Inc.; Twentieth Century Music Corp. vs. Aiken

Na seção 1 da Lei de Direitos Autorais de 1909, estabelece-se: "Qualquer pessoa titular de uma obra terá, em conformidade com as disposições deste título, direito exclusivo (...) de executar publicamente e com finalidade de lucro a obra registrada, caso se trate de uma composição musical."[13] No caso *Buck vs. Jewell-LaSalle Realty Co.*[14], o réu, Jewell-LaSalle, administrava um hotel na cidade de Kansas. O hotel tinha um receptor central de rádio, ligado a alto-falantes colocados nos saguões e quartos. Ele recebia programas de uma estação de rádio local, incluindo canções registradas de autoria de compositores representados pela Sociedade Americana de Compositores, Autores e Editores (Ascap), e transmitia os programas aos aposentos do hotel. O réu foi notificado de que estava infringindo a Lei de Direitos Autorais, e, quando ele continuou a receber e a transmitir as programações, a Ascap moveu ação pedindo que fosse declarada a obrigação de não fazer (*injunction*) e exigindo indenização por perdas e danos. O pedido foi negado com base no fato de que os procedimentos do hotel – de receber e transmitir as programações das estações de rádio – não constituíam uma "execução" segundo o sentido da Lei de 1909, e não estavam, portanto, protegidos pelo registro de propriedade autoral. Os querelantes recorreram da decisão ao Tribunal Recursal Regional, mas a Suprema Corte avocou o recurso que questionava se o hotel estava "executando" as canções segundo o sentido da Lei de Direitos Autorais. Entre outros argumentos, o réu sustentou que a recepção e a transmissão de um programa aos aposentos do hotel "não eram diferentes de ouvir o mesmo programa num aparelho de rádio distante"[15]. Uma vez que a energia que ativava o receptor fazia parte da mesma energia posta em movimento pelo executor, o receptor era apenas "uma corneta acústica elétrica ou mecânica que proporcionava a melhor audição de uma execução distante"[16].

---

13. Lei promulgada em 4 de março de 1909, Ch. 320, §1(e), 35 Stat. 1075.
14. 283 U.S. 191 (1931).
15. *Idem*, p. 199 (nota de rodapé omitida).
16. *Idem*, p. 199, n. 7.

A Suprema Corte chegou a outra conclusão. Os sons, disse ela, consistem em ondas que cruzam o ar e são localmente audíveis. A música tocada num estúdio de rádio não é diretamente ouvida por um receptor distante. As ondas sonoras são transmitidas como correntes elétricas inaudíveis – ondas de rádio – que o receptor converte de novo em ondas sonoras audíveis. Portanto, os hóspedes que se encontravam no hotel não ouviam o programa original tal como era produzido; ouviam a sua reprodução. E a reprodução era uma execução. "Não há nenhuma diferença substancial entre a hipótese em que um hotel contrata uma orquestra para tocar e a hipótese em que, por meio do aparelho de rádio e do alto-falante aí empregados, a mesma música é tocada com o mesmo fim. Em ambos os casos, a música é produzida por meios controlados pelo hotel."[17]

A decisão da Corte é concisa. Sua conclusão apóia-se inteiramente na analogia delineada entre uma orquestra que toca ao vivo, cujas execuções estariam inquestionavelmente protegidas pelos direitos autorais, e a recepção e transmissão de uma programação de rádio. A Corte fez notar que poderia haver razões políticas pelas quais tais atividades não seriam vistas como uma infração dos direitos autorais, mas a Lei de Direitos Autorais não estipulou nada nesse sentido[18]. Observou ainda que o Congresso ocupava-se, naquela época, de emendar essa lei[19]. Em suma, as considerações políticas não vinham ao caso. Ao ter de decidir se as atividades do hotel se assemelhavam mais a *tocar* ou *ouvir* a música, e se o próprio rádio se assemelhava mais a um microfone ou a um aparelho para surdez, a Corte valeu-se da analogia com a orquestra que toca ao vivo e assim decidiu a causa.

---

17. *Idem*, p. 201 (nota de rodapé omitida).
18. *Idem*, p. 199.
19. *Idem*, p. 201, n. 10.

Trinta e sete anos depois, no caso *Fortnightly Corp. vs. United Artists Television, Inc.*[20], a Suprema Corte revisitou a decisão do caso *Jewell-LaSalle;* o caso agora envolvia a televisão. A Fortnightly operava um sistema de televisão de antena comunitária (TVAC; CATV – *community antenna television*) por meio do qual os programas de televisão de cinco canais eram transmitidos a lares associados, que não eram alcançados pela teledifusão dos próprios canais. Entre os programas transmitidos havia filmes de que a United Artists detinha os direitos autorais. As licenças que a United Artists concedera aos canais para transmitir os filmes não autorizavam uma segunda transmissão. Assim, a United Artists processou a Fortnightly por infração de direitos autorais. Assim como no caso *Jewell-LaSalle*, a questão crucial era se a Fortnightly tinha "executado" os filmes.

Baseando-se na decisão definitiva do caso anterior, o tribunal de primeira instância e o tribunal recursal responderam que sim. Dessa vez, entretanto, a Suprema Corte pronunciou-se no sentido contrário. Decidiu que, embora a transmissão de um programa de televisão evidentemente não fosse uma execução, no sentido convencional do termo, não se poderia resolver a questão recorrendo ao significado ordinário da palavra e à história legislativa – desconhecia-se a televisão quando a Lei de Direitos Autorais fora promulgada[21]. Em vez disso, a Corte arrolou diversos exemplos de atividades que eram, ou não, consideradas "execuções" segundo essa lei e raciocinou por analogia. Contrapondo o exibidor de um filme ou de uma peça de teatro, que inquestionavelmente executa, ao membro de uma platéia de

---

20. 392 U.S. 390 (1968).
21. *Idem*, pp. 395-6.

teatro, que inquestionavelmente não executa, e estendendo esses exemplos a uma transmissão televisiva, por um lado, e a um espectador de televisão, por outro, a Corte concluiu que a Fortnightly, tal qual um espectador de televisão, não era um "executor ativo", mas antes o "beneficiário passivo" da execução realizada por outrem[22]. "Em essência", disse a Corte, "o sistema TVAC nada mais faz do que acentuar a capacidade do espectador de receber os sinais de teledifusão (...) O equipamento de TVAC é poderoso e sofisticado, mas a função básica que cumpre difere pouco da geralmente cumprida pelo aparelho de um espectador de televisão."[23] Ou seja, o sistema TVAC se parece mais com um par de binóculos do que com um projetor de filmes. Reforçando sua conclusão, a Corte observou ainda vários aspectos que mostravam que a função de um sistema TVAC não é igual à função de um transmissor[24]. Chamada pelo Procurador-geral da República a proferir uma decisão de meio-termo, que conciliasse os interesses da defesa dos direitos autorais, de meios de comunicação e da política antitruste, a Corte recusou o convite: "Esse trabalho", disse ela, "cabe ao Congresso."[25] Quanto à decisão parecer conflitante, no caso *Jewell-LaSalle*: "Ela deve ser compreendida como limitada aos seus próprios fatos."*[26]

---

22. *Idem*, p. 399.
23. *Idem* (nota de rodapé omitida).
24. *Idem*, p. 400.
25. *Idem*, p. 401.
 * Em voto divergente, o juiz Fortas observou que a aplicação dos dispositivos da Lei de Direitos Autorais à televisão, que não existia quando a lei fora promulgada, "equivalia a tentar consertar um aparelho de televisão com uma marreta". *Fortnightly Corp. vs. United Artists Television, Inc.*, 392 U.S. 403 (1968) (juiz Fortas, em voto divergente). Na ausência de uma ação parlamentar, ele aderiu ao raciocínio do caso *Jewell-LaSalle*, o qual, disse, podia não ser "uma glosa de todo ideal da palavra 'execução'", mas tinha "pelo menos o mérito de ser uma decisão de acordo com a lei". *Idem*, p. 407.
26. *Idem*, p. 397, n. 18.

Seis anos depois, no caso *Teleprompter Corp. vs. Columbia Broadcasting System, Inc.*[27], a Corte novamente considerou se um sistema TVAC havia executado os programas de televisão transmitidos por ele. Os requerentes afirmavam que essa causa diferia de *Fortnightly* em vários aspectos, os quais, segundo eles, tornavam as atividades do acusado – recepção e transmissão – semelhantes à teledifusão em grau suficiente para contar como atividades de execução. Algumas das empresas de TVAC envolvidas nesse caso faziam programas próprios, função usual das empresas de teledifusão; vendiam espaço publicitário, característica das empresas de teledifusão; e licenciavam alguns de seus programas originais para outros sistemas de TVAC, comportando-se novamente como empresas de teledifusão[28]. Alguns dos acusados, como a Fortnightly, transmitiam programas para além do raio de ação da empresa de teledifusão original, o que também os tornava semelhantes a esta, afirmaram os requerentes[29].

A Corte disse que nada disso fazia diferença. Seguindo seu raciocínio no caso *Fortnightly*, ela decidiu que, embora a analogia entre a execução de apresentações ao vivo ou filmadas e o ato de assistir a isso pela televisão "fosse necessariamente imperfeita, ainda assim seria possível delinear uma linha simples de raciocínio: 'As empresas de rádio e televisão executam. Os espectadores não executam'."[30] Ainda que os sistemas de TVAC tivessem, nesse caso, algumas das características de uma empresa de teledifusão, eles se assemelhavam mais a espectadores. E, quanto à transmissão de sinais para além

---

27. 415 U.S. 394 (1974).
28. *Idem*, pp. 403-4.
29. *Idem*, pp. 407-11.
30. *Idem*, p. 403 (citando *Fortnightly*, 392 U.S. p. 398).

do raio de alcance da transmissão original, isso ainda constituía "basicamente uma função de espectador, independentemente da distância entre a estação de teledifusão e o espectador mais afastado"[31]. A Corte especulou um pouco sobre as prováveis conseqüências que sua decisão teria na indústria televisiva; mas disse que o levantamento dos fatos para estabelecer uma norma mais sensata e a formulação de tal norma eram funções legislativas, e não judiciais, indo "além da competência deste tribunal"[32]. "A resolução de muitos problemas delicados e importantes, nesse campo (...), deve ser deixada para o Congresso."[33] Divergindo em parte, o juiz Blackmun observou que a análise "simples" da Corte – "As empresas de rádio e televisão executam. Os espectadores não executam" – era "simplista"[34]. O juiz Douglas, que também divergiu, afirmou que, "em qualquer sentido prático e realista", a atividade dos sistemas de TVAC era transmitir, e não assistir, e deveria ser assim considerada"[35]. Os efeitos do caso *Fortnightly*, segundo ele, deveriam se limitar "aos seus próprios fatos", tal como a Corte havia previamente limitado o caso *Jewell-LaSalle*[36].

Um ano depois, a Suprema Corte teve mais uma oportunidade para considerar a questão, no caso *Twentieth Century Corp. vs. Aiken*[37]. Aiken administrava uma loja de *fast-food* na qual instalou um rádio com quatro caixas de som. Durante todo o dia, Aiken, seus empregados e seus clientes ouviam o que era transmitido pela estação em que o rádio estivesse sintonizado. Assim como

---
31. *Idem*, p. 408.
32. *Idem*, p. 414, n. 15.
33. *Idem*, p. 414 (nota de rodapé omitida).
34. *Idem*, p. 415 (juiz Blackmun, em voto divergente)
35. *Idem*, p. 417.
36. *Idem*, p. 422.
37. 422 U.S. 151 (1975).

no caso *Jewell-LaSalle*, os titulares dos direitos autorais de algumas canções transmitidas moveram um processo por violação de direitos autorais. Embora esse caso não envolvesse a televisão, mas o rádio, e não tivesse a ver com transmissão a cabo, a Corte decidiu que eram os casos *Fortnightly* e *Teleprompter*, e não o *Jewell-LaSalle*, que regulavam o processo: "Se, por analogia com uma execução ao vivo numa sala de concertos ou num cabaré, uma estação de rádio 'executa' uma composição musical ao transmiti-la, parece que a mesma analogia nos obriga a concluir que aqueles que ouvem um programa pelo alto-falante do rádio não executam a composição."[38] A Corte constatou algumas das dificuldades práticas envolvidas na aplicação de uma norma contrária e pôs um ponto final na questão.

Nas justificações de todas essas decisões houve referência a considerações políticas que poderiam indicar um ou outro caminho, bem como à possibilidade de uma solução legislativa – incidentalmente no caso *Jewell-LaSalle* e com uma ênfase crescente nas decisões posteriores, quer por parte da maioria, quer dos divergentes. Entretanto, a Corte se viu obrigada a abster-se de resolver o problema dos fundamentos políticos. Sua tarefa era aplicar a lei, ainda que, conforme fez notar no caso *Fortnightly*, a lei "tivesse sido elaborada muito antes do desenvolvimento dos fenômenos eletrônicos" que estavam em questão[39]. Ao cumprir sua tarefa, a Corte baseou-se, em primeiro lugar e principalmente, nas analogias entre, por um lado, um executor comum e uma empresa de radiodifusão e, por outro, entre um membro de uma platéia comum e um ouvinte de rádio ou espectador de

---

38. *Idem*, p. 159.
39. *Fortnightly*, 392 U.S. p. 395.

televisão. Os argumentos instrumentais ou conseqüencialistas apresentados nas decisões não são centrais, mas periféricos; não foram feitos para suplantar as analogias, mas para corroborá-las. Não há também nenhuma norma geral evidente a partir da qual as analogias reguladoras podem ser derivadas. A transição do caso *Jewell-La-Salle* para os três últimos, nos quais se declarou que os efeitos daquele se "limitavam a seus próprios fatos", foi pouco mais do que uma reconfiguração dessas analogias, sem maiores explicações*. Fossem as analogias postas de lado, haveria uma enorme lacuna bem no âmago das decisões.

c. Constituição: *Olmstead vs. Estados Unidos; Katz vs. Estados Unidos*

Olmstead era o líder de uma quadrilha que contrabandeava bebidas alcoólicas. Os membros da quadrilha usavam o telefone para receber pedidos e combinar a entrega das bebidas. Durante longo período, a polícia federal controlou, através de escutas, as linhas telefônicas do principal escritório da quadrilha e das casas de quatro criminosos. Os dispositivos de escuta foram colocados do lado de fora dos recintos, sem invasão à propriedade dos membros da quadrilha. As provas obtidas com os dispositivos de escuta foram usadas no julgamento de Olmstead e de outros membros da quadrilha, passando por cima da objeção deles de que haviam sido obtidas mediante violação da Quarta Emenda, o que as tornava,

---

* Na revisão da Lei de Direitos Autorais, feita em 1976, o Congresso foi por um outro caminho. A lei determina: "executar uma obra significa recitar, representar, tocar, dançar ou atuá-la, seja diretamente, seja por meio de algum dispositivo ou processo..." 17 U.S.C. § 101.

portanto, inadmissíveis. Os réus foram condenados e as sentenças foram confirmadas na apelação[40]. A Suprema Corte confirmou novamente a decisão. A maior parte do voto vencedor consistiu num reexame dos casos anteriores relacionados à Quarta Emenda, os quais tinham envolvido ações governamentais de busca e apreensão de documentos ou objetos tangíveis, e não a escuta secreta de conversas privadas por telefone ou por outro meio. Ao concluir seu reexame, a Corte declarou: "A própria Emenda mostra que o objeto de uma busca são sempre coisas materiais – a casa, a pessoa, seus documentos ou objetos pessoais. Na descrição do mandado, necessária para tornar legítimo o procedimento, deve-se especificar o lugar onde a busca ocorrerá e a pessoa ou as *coisas* a serem apreendidas."[41] Os acusados alegaram que a ação de instalar escutas na linha telefônica era análoga à violação, por parte do governo, de uma correspondência lacrada no correio. Concordou-se que abrir uma correspondência constituía um ato de busca e apreensão, mas a Corte rejeitou a analogia com a escuta telefônica. Uma correspondência, disse a Corte, é "um documento, um objeto pessoal"[42]. Entretanto, no caso em questão:

> Não houve busca. Não houve apreensão. As provas foram obtidas empregando-se o sentido da audição, e somente isso. Não houve invasão de domicílio ou escritório pertencente ao réu (...) A linguagem da Emenda não pode se estender ou expandir a ponto de incluir os fios telefônicos, pois desse modo o mundo inteiro seria alcançado a partir do domicílio ou escritório do réu. Os fios interpos-

---
40. *Olmstead vs. Estados Unidos*, 277 U.S. 438 (1928).
41. *Idem*, p. 464.
42. *Idem*.

tos fazem parte de seu domicílio ou escritório tanto quanto as estradas ao longo das quais os fios se estendem."[43]

Na ausência de "uma apreensão de documentos ou bens tangíveis do réu" ou "de uma invasão física efetiva em seu domicílio", a escuta secreta de conversas telefônicas não constitui "uma busca ou apreensão segundo o significado da Quarta Emenda"[44]. O Congresso poderia proteger o sigilo de conversas ao telefone por meio de uma legislação adequada, caso decidisse fazer isso[45].

Divergindo, o juiz Brandeis argumentou que a referência a "buscas" e "apreensões" na Quarta Emenda não deveria ser aplicada literalmente. Tendo em conta o propósito da Emenda, que é proteger o direito do indivíduo de não ser incomodado pelo governo, "toda intrusão injustificável do governo na privacidade do indivíduo, quaisquer que sejam os meios empregados, deve ser considerada uma violação"[46]. Desse ponto de vista, não vinha ao caso o fato de ter ou não havido invasão de domicílio ou busca; quanto à questão crucial (a violação da privacidade), as duas situações eram parecidas – análogas –, e a mesma norma deveria ser aplicada a ambas. Brandeis mencionou outros casos, nenhum deles envolvendo escuta telefônica ou qualquer tipo de comunicação oral, nos quais a noção de busca e apreensão tinha sido interpretada de modo lato a fim de levar a cabo os propósitos da Emenda*. Os juízes Butler e Stone con-

---

43. *Idem*, pp. 464-5.
44. *Idem*, p. 466.
45. *Idem*, pp. 465-6.
46. *Idem*, p. 478 (juiz Brandeis, divergente).
* *Olmstead vs. Estados Unidos*, 277 U.S. 438, 475-477 (1928) (juiz Brandeis, divergente). Os casos que Brandeis mencionou envolviam a violação de correspondência lacrada depositada no correio, a apresentação de um documento em resposta a uma intimação judicial e a apropriação de documentos de um escritório por um amigo visitante.

cordaram†. E o juiz Butler observou: "O ato dos policiais de instalar dispositivos de escuta nos fios e ouvir conversas constituiu literalmente uma busca por provas. Conforme ocorriam, as conversas eram escutadas e registradas."[47] Quase quarenta anos depois, a Suprema Corte reviu a questão da escuta telefônica no caso *Katz vs. Estados Unidos*[48]. Katz, corretor de apostas, foi declarado culpado por transmitir informações de apostas pelo telefone. Durante o julgamento, a promotoria apresentou como prova uma conversa que o acusado travara de uma cabine telefônica. Por meio de um dispositivo fixado do lado de fora da cabine, os agentes do governo fizeram uma escuta secreta e registraram o que ele disse.

O Estado sustentou que a Quarta Emenda era inaplicável, uma vez que não houvera penetração física na cabine telefônica nem apreensão de bens tangíveis*. A Corte discordou. Mencionando um caso decidido após *Olmstead*[49], disse que a Emenda compreendia o registro de enunciações orais e podia ser aplicada mesmo que não houvesse intrusão. Adotando o parecer de Brandeis

---

† *Idem*, pp. 485, 488. O quarto a divergir foi o juiz Holmes, cuja decisão partiu de outro fundamento.
47. *Idem*, p. 487 (juiz Butler, divergente).
48. 389 U.S. 347 (1967).
* É claro que essa posição se sustentava no caso *Olmstead*. O Estado baseou-se principalmente no caso *Goldman vs. Estados Unidos*, 316 U.S. 129 (1942) – decidido após o caso *Olmstead* –, no qual a Corte confirmou a admissão de provas obtidas por meio da colocação de dispositivos de escuta no outro lado da parede do escritório do acusado. Ver p. 61. Tendo em conta a crítica à decisão do caso *Goldman*, o Estado afirmou também que, mesmo que a intrusão não fosse um requisito, uma cabine pública de telefone não era uma "área protegida constitucionalmente", ou seja, a Quarta Emenda não se aplicava de maneira nenhuma a intrusões na cabine. Depoimento do requerido, 14-17, *Katz vs. Estados Unidos*, 389 U.S. 347 (1967) (Nº 35). A Corte rejeitou esse argumento, declarando, num aforismo que passou a ser muito citado, que a "Quarta Emenda não protege os lugares, mas as pessoas", *Katz vs. Estados Unidos*, 389 U.S. 347, 351 (1967).
49. *Silverman vs. Estados Unidos*, 365 U.S. 505 (1961).

no caso *Olmstead*, a Corte julgou que a chave da questão não estava na noção de propriedade, mas na de privacidade. "As atividades do governo em escuta eletrônica e a gravação das palavras do requerente violaram a privacidade em que ele justificadamente se fiava enquanto usava a cabine telefônica, e constituíram assim uma 'busca e apreensão' segundo o significado da Quarta Emenda."[50] O juiz Black divergiu. A linguagem da Quarta Emenda, disse ele, "conota a idéia de coisas corpóreas, com tamanho, forma e peso, coisas que podem ser buscadas, apreendidas, ou ambas (...) Uma conversa que se escuta secretamente, por meio de simples espionagem ou de dispositivos de escuta telefônica, não é tangível e, com base no significado das palavras admitido normalmente, não pode ser buscada ou apreendida"[51]. Ademais, a escuta secreta não era desconhecida quando a Quarta Emenda foi elaborada. Tivessem os seus formuladores a intenção de que a escuta fosse incluída na Quarta Emenda, acreditava Black, "eles teriam usado uma linguagem apropriada para tal"[52]. A aplicação, à escuta secreta, de uma linguagem que se referia ao ato de buscar e apreender era, segundo ele, "um hábil malabarismo de palavras"[53].

A palavra "analogia" não é usada no caso *Katz*, embora pudesse ser. As palavras da Quarta Emenda não se aplicam literalmente à escuta secreta porque, como disse Black, normalmente nós não falaríamos em buscar ou apreender meras palavras. O cerne do argumento da Corte era que, à luz dos propósitos da Quarta Emenda, a escuta secreta é análoga à ação de busca e apreensão, e a

---

50. *Katz*, 389 U.S. p. 353.
51. *Idem*, p. 365 (juiz Black, divergente).
52. *Idem*, p. 366.
53. *Idem*, p. 373.

analogia é próxima o suficiente para implicar o mesmo resultado. Tornando a analogia mais concreta pela referência a casos anteriores, a Corte declarou: "Uma pessoa numa cabine telefônica pode contar com a proteção da Quarta Emenda tanto quanto um indivíduo num escritório comercial, no apartamento de um amigo ou num táxi."[54] Nem o conjunto dos juízes nem o juiz Black por si só tinham muito o que dizer contra ou a favor da exclusão de provas obtidas por meio de conversas escutadas secretamente como questão de política pública, embora alguns dos votos correntes se referissem brevemente a casos que envolviam a segurança nacional[55]. Considerações instrumentais desse tipo eram levadas em conta somente para mostrar que a própria analogia era adequada.

Pode-se encontrar na decisão judicial do caso *Katz* a enunciação de um princípio geral a partir do qual foi extraído o resultado. É porque a escuta secreta "violou a privacidade na qual [Katz] justificadamente se fiava enquanto usava a cabine telefônica" que a ação constituiu uma busca e apreensão[56]. Essa proposição foi vista em geral como o ponto crucial do caso – o que se justifica. Numa outra passagem, a Corte disse:

> A Quarta Emenda não pode ser traduzida num "direito" geral e constitucional "à privacidade". Essa Emenda protege a privacidade individual contra certos tipos de intrusão governamental, embora sua proteção vá além e muitas vezes não tenha absolutamente nada a ver com privacidade. Outros dispositivos da Constituição protegem a privacidade pessoal contra outras formas de invasão governamental. Mas a proteção de um direito *geral* de

---
54. *Idem*, p. 352 (nota de rodapé omitida).
55. *Idem*, p. 359 (juiz Douglas, voto concorrente), 362 (juiz White, voto convergente).
56. *Idem*, p. 353.

privacidade da pessoa – o seu direito de ser deixada em paz – é, tal como a proteção de sua propriedade e de sua própria vida, deixada em grande parte ao arbítrio da lei estadual.⁵⁷

A razão por que *essa* invasão da privacidade de Katz constituiu uma busca e apreensão, ainda que outras invasões pudessem não o ser, sustenta-se pela analogia delineada pela Corte entre a cabine telefônica, a partir da qual Katz se comunicava, e "um escritório comercial (...), o apartamento de um amigo (...) ou (...) um táxi". É fácil esquecer essa analogia porque a privacidade em questão parece muito óbvia em comparação com outros aspectos de privacidade mencionados pela Corte*. Mas, conforme o voto divergente do juiz Black torna evidente, sem a analogia, o argumento da Corte é incompleto.

Em nenhum dos casos anteriores a analogia na qual a Corte se baseia desaparece de vista – ao contrário do que ocorre na interpretação de Brewer. Nem poderia deixar de ser assim, pois a analogia é uma parte crucial do argumento. Fossem eliminadas a comparação com o hoteleiro no caso *Adams*, as comparações com a execução ao vivo e o ato de ouvir e assistir no caso *Jewell-La-Salle* e outros, e a comparação com uma busca de ordem física nos casos *Olmstead* e *Katz*, as decisões judiciais perderiam toda a sua força. Em cada um desses casos, é possível rejeitar a analogia sem cometer um erro lógico, como mostraram os votos divergentes nos dois últimos

---

57. *Idem*, pp. 350-1 (nota de rodapé omitida).
* P. ex., a privacidade de associação e a proibição do aquartelamento não consentido de soldados em períodos de paz, protegidos respectivamente pela Primeira e Terceira Emendas. *Katz*, 389 U.S. p. 350, n. 5. A analogia entre a escuta secreta e o procedimento de busca e apreensão de objetos corpóreos é agora ainda mais óbvia porque vem sendo aplicada repetidamente há trinta e oito anos, desde o caso *Katz*.

grupos de casos. Mas ela não pode ser simplesmente posta de lado ou deslocada, nem reinterpretada como um argumento dedutivo e/ou indutivo, sem que seja inteiramente transformada. Os votos não dão nenhum sinal de que os juízes estavam incomodados com seus raciocínios, ou de que, conforme aventa Sunstein[†], eles teriam argumentado como argumentaram por não serem capazes de entrar em acordo sobre qual seria a política adequada ou os argumentos instrumentais para defini-la. Pelo contrário, eles evitam cuidadosamente enveredar por esse tipo de inquirição – quer por não ser necessária ao argumento apresentado, quer também por não ser apropriada à função judicial, o que se manifesta de modo mais explícito nos casos de transmissão radiofônica e televisiva.

A se crer nos estudos acadêmicos sobre o uso de argumentos analógicos no raciocínio jurídico, as decisões justificadas em todos esses casos são radicalmente defectivas. Está ausente de todas elas um enunciado claro de um princípio geral regulador aplicado pelo tribunal; aliás, em algumas críticas ao argumento analógico, tal princípio deve ser aplicado, para que se possa considerar que o tribunal objetivamente raciocinou. Mas as próprias decisões pouco sustentam essas críticas. O princípio enunciado pelo tribunal nunca parece ir além do que é necessário para uma comparação dos fatos específicos em causa com outros fatos igualmente específicos, dos quais se conhece o resultado. Assim, embora no caso *Adams* o tribunal tenha evidentemente considerado que a confiança dos passageiros no operador do barco e a tentação do operador de trair essa confiança fossem significativas, ele se limitou a concluir que, em vista desses

---

[†] Ver p. 11.

fatos, a relação entre o operador e os passageiros era semelhante à relação entre o hoteleiro e seus hóspedes. Não se pretendeu afirmar qual seria o resultado caso outra forma de transporte estivesse envolvida, ou em qualquer outro tipo de situação em que uma pessoa deposita confiança em outra, a qual se vê tentada a traí-la. Nos casos de transmissão radiofônica e televisiva, a Suprema Corte não se dedicou a catalogar cada ato ou fato tecnológico que constituiria ou não uma "execução" segundo os dispositivos da lei de direitos autorais. Conseguiu distinguir a decisão do caso *Jewell-LaSalle* dos três casos que o seguiram, justamente porque no primeiro caso não havia ainda estabelecido uma norma geral para a radiodifusão. Da mesma maneira, nos casos posteriores, houve necessidade de mais duas decisões, após *Fortnightly*, porque a Corte não tinha declarado, neste último, uma norma geral para todos os modos de transmissão de rádio e televisão, nem mesmo uma que fosse exclusiva para os sistemas TVAC.

Os casos *Olmstead* e *Katz* parecem ser os que mais se aproximam da enunciação de uma norma geral. Mas, em ambos, as decisões têm um foco bem mais estreito. "A Quarta Emenda", disse a Corte em *Olmstead*, "não proíbe *o que se fez aqui*."[58] Ao derrogar a decisão de *Olmstead*, a Corte declarou, a propósito do caso *Katz*, que "aquilo que [uma pessoa] procura preservar como algo privado, mesmo numa área acessível ao público, *pode* ser protegido constitucionalmente"[59]. Adaptando sua conclusão aos fatos do caso, disse a Corte: "Uma pessoa numa cabine telefônica pode contar com a proteção da Quarta Emenda. Alguém que ocupe a cabine, feche a porta e pague a

---

58. *Olmstead*, 277 U.S., p. 464 (grifo meu).
59. *Katz*, 389 U.S. pp. 351-2 (grifo meu).

tarifa que lhe permite fazer uma chamada tem certamente o direito de ter por certo que as palavras que articula no bocal do telefone não serão alardeadas aos quatro ventos."[60] O que teria acontecido se a pessoa tivesse deixado aberta a porta da cabine, ou se fizesse a chamada de um telefone público descoberto, ou em quaisquer outras circunstâncias a que a proposição geral inicial pudesse ser aplicada – isso a Corte não disse. Se, ao comparar a escuta secreta das conversas de Katz no orelhão com outras situações em relação às quais a Quarta Emenda foi aplicada, a Corte se referiu a uma "expectativa legítima de privacidade", essa expressão foi, em todo caso, mais uma generalização feita a partir de resultados específicos do que um princípio orientador desses resultados; e mesmo essa generalização deixou muito espaço para novas distinções, conforme mostraram os casos posteriores*. A prática conhecida de *distinguir* um caso anterior daquele que ora se apresenta perante o tribunal, como em *Fortnightly*, depende de uma tal reticência. Na verdade, se surgisse uma causa análoga, poder-se-ia especular sobre o que teria acontecido; mas essa especulação, assim como o raciocínio do tribunal, dependeria da pertinência da analogia.

---

60. *Idem*, p. 352.

* A expressão "expectativa legítima de privacidade", que se tornou a rubrica para a identificação de um interesse protegido pela Quarta Emenda, ver *Rakas vs. Illinois*, 439 U.S. 128, 143 (1978), deriva (de modo inexato) do voto concorrente do juiz Harlan no caso *Katz*, 389 U.S. p. 360. A justificação dada pela Corte na decisão do caso *Katz* frisou o mesmo ponto, de maneira um tanto oblíqua. *Idem*, p. 352. A questão de saber se há, ou não, uma expectativa legítima de privacidade tornou um tópico maior da teoria do direito referente à Quarta Emenda. Ver *Rakas* (citado acima); *Minnesota vs. Carter*, 525 U.S. 83 (1998).

Capítulo III
Raciocínio jurídico analógico

O uso de analogias nos casos discutidos no capítulo II é totalmente incompatível com as interpretações do raciocínio analógico que o tratam, de um modo ou de outro, como algo duvidoso: seja como um substituto imperfeito e inadequado (ainda que de alguma maneira útil) da coisa real, seja como um estímulo preliminar e ulteriormente descartável para um argumento sólido, que em nada contribui para a validação do argumento. De maneira muito mais efetiva que nessas interpretações, a Corte baseou-se, em todas as causas discutidas, no raciocínio analógico como uma parte essencial do próprio argumento. Muitas das discussões presentes nas decisões são organizadas de modo que explique por que a Corte preferiu uma analogia a outra. Para expressar sua objeção à conclusão da maioria, os juízes que assinam votos divergentes discordam da analogia em que a maioria se baseia e oferecem uma analogia alternativa que lhes parece mais persuasiva. Longe de as analogias servirem somente para ilustrar ou salientar um argumento instrumental, tais argumentos feitos a partir de casos anteriores são usados para explicar por que a analogia é de fato boa; e é a analogia que, por sua vez, sustenta a confiança nos argumentos instrumentais. Se o tribunal expressa um princípio geral que desenvolve uma analogia ("Empresas de rádio e televisão executam; espectadores não executam", ou "A privacidade não protege os lugares, mas sim as pessoas"), o princípio por si mesmo é muito amplo para justificar a decisão do tribunal, e é necessário fazer referência à analogia para determinar com precisão sua abrangência. O pensamento caminha da analogia para o princípio, e não o contrário.

A recusa dos argumentos analógicos, portanto, não se baseia numa leitura atenta das sentenças judiciais, que não manifestam a menor dúvida ou desconfiança sobre o uso da analogia. Tampouco se baseia em algum aspecto formal peculiar aos argumentos jurídicos que torne inadequado o uso de argumentos analógicos; pelo contrário, o uso destes no argumento jurídico é especialmente pronunciado. Antes, essa recusa deriva da suposição, tácita ou expressa, de que apenas os argumentos com credenciais de raciocínio dedutivo ou indutivo são significativos o bastante para ser levados em conta. Como um argumento que depende de uma analogia não satisfaz nenhuma dessas formas, conclui-se que a analogia deve prestar-se para alguma outra função cognitiva ou retórica, ou que ela é apenas um substituto para um argumento diferente e vazado na forma adequada. Sob essa perspectiva, o uso universal da analogia no raciocínio jurídico é visto como uma curiosidade do direito, quiçá interessante, útil ou não, e que pede uma explicação, embora pouco tenha a ver com os problemas jurídicos fundamentais. Para alguns, como Brewer, uma analogia é algo como um motor de arranque cognitivo, que deixa de ser necessária a partir do momento em que o motor da razão começa a funcionar. Outros, como Levi e Sunstein, promovem as virtudes do raciocínio analógico, as quais, entretanto, não são as do argumento raciocinado, mas sim as dos benefícios políticos, dando-se pouco valor à razão. Posner insinua que a predominância do raciocínio analógico é um hábito inconveniente do trabalho judicial, adotado em virtude da incapacidade de resolver os verdadeiros problemas. A doutrina que entende a analogia como uma fantasmagoria, adotada por Alexander e outros, rejeita até mesmo a possibilidade de um argumento analógico, considerando-o uma invenção de nossa confusa imaginação lógica. Todos os pretensos raciocínios analógicos são, segundo eles, quer inferências dedutivas comuns, quer algo que não pode ser considerado em hipótese alguma um raciocínio.

Como a crítica ao raciocínio analógico no direito toma essa forma, é preciso que a sua defesa proceda em etapas. Inicio este capítulo com exemplos do uso do raciocínio analógico em nossa vida cotidiana, simplesmente para mostrar, da maneira mais direta, que ele existe: nós o praticamos o tempo todo. A partir desses exemplos, bem como das decisões judiciais apresentadas no capítulo II, examino o uso dos argumentos analógicos no direito e a maneira como o argumento jurídico analógico se relaciona com o modelo do raciocínio jurídico como uma hierarquia coerente de normas ordenadas por dedução. Em seguida, considero mais detalhadamente as objeções a essa interpretação do raciocínio jurídico. No capítulo IV, aproximando-me da epistemologia e da psicologia cognitiva, esboço a maneira como nós raciocinamos analogicamente, não para instruir aqueles que ainda não conhecem esse raciocínio, pois tal instrução não é necessária – certamente os críticos do argumento analógico baseiam-se nele, assim como todos nós –, mas sim para responder à objeção de que, em que pesem todas as aparências em contrário, o raciocínio analógico é impossível.

a. Raciocínio analógico prático

Mary derrama suco de mirtilo numa toalha branca de mesa. *"Experimente despejar sal sobre a toalha",* diz Edna. *"Funciona com o vinho."*

Charlie não consegue ligar seu cortador de grama. Ele se lembra de que às vezes, quando o seu carro não pega, ajuda desligar o motor e deixá-lo descansar por um tempo. Ele entra em casa e vai ver televisão.

Embora não seja provável que eles o notem ou dêem muita importância a esse fato, Edna e Charlie estão raciocinando por analogia. Observando a semelhança entre vinho (tinto) e o suco de mirtilo – ambos são vermelhos e líquidos –, e sabendo que o sal ajuda a remover manchas de vinho, Edna especula que o suco de mirtilo talvez partilhe essa característica com o vinho. Sabendo que o seu cortador de grama e o seu carro são ambos dotados de um motor de combustão interna (ou talvez apenas que ambos os motores funcionam a gasolina) e que às vezes, quando o seu carro não pega, é porque ele afogou o motor, Charlie especula que essa é a razão pela qual seu cortador de grama não pega, e espera que o excesso de gasolina evapore.

Em incontáveis situações da vida cotidiana, fazemos raciocínios analógicos desse tipo. Na maioria das vezes, ao nos depararmos com um problema que não é exatamente como aqueles que enfrentamos antes, não damos início a um programa de experimentos para descobrir o que vai funcionar, nem fazemos pesquisas dentro do campo apropriado a fim de aprender a norma geral aplicável. Não há tempo para isso, e, mesmo que houvesse, normalmente não seria um tempo despendido de modo útil. Em vez disso, lançamos uma hipótese bem fundamentada, baseada em nossa experiência de situações mais ou menos semelhantes. Muito provavelmente não poderíamos oferecer nenhuma norma ou princípio que justificasse a hipótese; é na própria experiência passada que nos baseamos. Provavelmente Edna não sabe por que o sal remove manchas de vinho, a menos que ela seja especialista em química alimentar. Ela só sabe que remove, e baseia-se no fato de o suco de mirtilo também ser um líquido vermelho. Se Mary lhe perguntasse por que o sal tem esse efeito, Edna poderia responder: "Não sei, ele remove e pronto"; ou poderia dizer algo mais conclusivo, como: "Suponho que o sal absorva o vinho", e deixar por isso mesmo. Se a mancha fosse de sangue, Edna poderia não recomendar o sal – o sangue é um líquido vermelho, mas não se parece muito com o vinho em outros aspectos –, e se a mancha fosse de sorvete de chocolate, ela provavelmente não o recomendaria, ainda que uma mancha seja uma mancha e, na falta de idéia melhor, por que não? Não é necessário que Charlie saiba por que o afogamento do motor impede que um carro – ou, conforme ele especula, um cortador de grama – dê a partida; nem precisa saber, senão nos termos mais gerais, o que significa "afogar o motor"; tampouco é necessário que saiba por que, quando se deixa o motor descansar, ele "desafoga". Se fosse um mecânico ou um técnico em motores de pequeno porte, ele saberia mais. Mas, para os seus propósitos, basta saber que o motor de um carro e o de um cortador de grama são mais ou menos semelhantes.

É claro que as semelhanças que incitam Edna e Charlie a raciocinar analogicamente são acompanhadas por muitas dessemelhanças. Não há dúvida de que Edna, sem ter de pensar muito nisso, concluiu que a capacidade de absorção do sal não seria afetada pelo fato de o vinho ser mais caro que o suco de mirtilo, ou de o vinho que foi derramado numa outra ocasião ser importado, ao passo que o suco de mirtilo não é. Perguntassem a ela por que fez essas conjecturas, ela provavelmente ficaria confusa, pois tudo isso lhe parece óbvio demais. Charlie pode saber muito pouco sobre carros ou motores. Contudo, é praticamente certo que não lhe ocorrerá que o cortador de grama pode vir a não funcionar da maneira que o seu carro funciona, simplesmente porque aquele é vermelho e este é azul. Como ele sabe disso? Bem, todo o mundo sabe que a cor de uma máquina não tem nada a ver com a maneira como o seu motor funciona. Se, quando Charlie contou à esposa que não ligaria o cortador de grama e, em seguida, entrou em casa e pôs-se a ver televisão, ela lhe replicasse: "De que adianta isso? Experimente dar um pontapé nele, é assim que se desempaca um burro", Charlie muito provavelmente continuaria a ver televisão, mesmo que um cortador de grama e um burro sejam em alguns aspectos mais semelhantes entre si do que um cortador de grama e um carro. Acontece que o primeiro par não parece muito semelhante para *estes* fins. Chutar um cortador de grama *talvez pudesse* ajudar a ligá-lo; mas isso não parece provável.

Num certo sentido, o raciocínio analógico prático é "apenas parcialmente teorizado" – palavras que Sunstein usa para descrever o resultado do raciocínio analógico jurídico*. Na maioria das vezes, entretanto, seria mais exato dizer que ele não é teorizado de forma alguma. Edna e Charlie têm problemas práticos, para os quais as suas experiências sugerem soluções práticas. A essa altura, uma teoria é desnecessária. A semelhança observada entre a experiência passada e o problema presente,

---

*Ver p. 11.

ou, na linguagem analógica, entre a fonte e o alvo, é ela própria suficiente para incitar a conexão entre eles, sem a mediação de uma norma geral†. Se lhes fosse solicitado que elaborassem uma norma da qual fosse possível extrair a solução como uma inferência dedutiva, muito provavelmente eles não saberiam de que modo proceder, a menos que simplesmente construíssem uma norma a partir da fonte e do alvo, a saber: "O sal remove manchas causadas por vinho e suco de mirtilo", "Se um carro ou um cortador de grama não quer dar a partida, pode ajudar deixá-lo descansar por um tempo." Pode ocorrer-lhes uma norma mais geral – "O sal remove manchas vermelhas", "Deixar um motor descansar por um tempo pode ajudar a ligá-lo" – ou uma norma mais informativa – "O sal absorve líquidos com algum pigmento de tintura", "Deixar o excesso de gasolina evaporar ajuda a ligar o motor". Mas isso não faria a menor diferença. Pois, no momento, eles só estão interessados em resolver um problema particular, e qualquer especulação para além disso seria um despropósito. Fossem obrigados a conduzir uma pesquisa empírica a fim de formular uma norma a partir da qual pudessem deduzir uma solução para o problema em questão, ambos se frustrariam. É claro que as suas soluções imediatas podem se mostrar equivocadas*.

---

† Sob a perspectiva da psicologia cognitiva, a questão é bem mais complexa. Já se fizeram inúmeros experimentos e já se escreveu muito sobre o que torna uma analogia efetiva, seja ela extraída da experiência e do conhecimento da pessoa, seja apresentada como a solução de um problema e reconhecida como uma possível solução de outro problema diferente. Tais explicações são a face cognitiva de explicações baseadas num encadeamento causal ou, simplesmente, na pertinência, a que me refiro em outras passagens. Ver pp. 98-106.

* Na prática, o sal é tão eficaz – não muito – para tirar uma mancha de suco de mirtilo quanto para tirar uma mancha de vinho tinto. Funciona como um absorvente. Quando absorve o líquido da roupa manchada, absorve também um pouco de um composto, solúvel em água, chamado antocianina, responsável pela cor vermelha do vinho tinto e do suco de mirtilo. Outros métodos de remoção de manchas também seriam igualmente eficazes em ambos

Se houvesse tempo e o problema fosse de considerável importância, eles poderiam tentar confirmar suas soluções indutivamente antes de aplicá-las. Se, por exemplo, a toalha de Mary fosse uma herança de família, ela poderia querer experimentar a sugestão dada por Edna num pano branco qualquer antes de jogar sal na toalha. Tratando-se de uma questão de grande importância, eles poderiam insistir em compreender como a solução funciona, formulando uma norma (que pode ser muito mais ampla do que a requerida pelo problema particular) a partir da qual a solução se segue dedutivamente. Mas, para afazeres comuns, a analogia é suficiente.

O raciocínio analógico prático permite que uma pessoa tome providências ponderadas e alcance seus propósitos em uma variedade de coisas muito maior do que poderia se não o usasse. Sem a capacidade de raciocinar dessa maneira e de basear suas ações nos resultados assim obtidos, a pessoa ficaria efetivamente imobilizada, exceto quando a semelhança entre um problema presente e uma experiência passada fosse tão grande que, para todos os efeitos, eles fossem considerados o mesmo problema*. Sem o recurso ao raciocínio analógico, de que maneira Edna agiria para remover a mancha da sua toalha, a não ser que ela tivesse um livro que a ensinasse a remover manchas, especificamente de suco de mirtilo? Como poderia Charlie, usando um cortador de grama pela primeira vez e afogando o motor, realizar a tarefa se

---

os casos. Mas Edna ficará desapontada caso leve seu raciocínio analógico longe demais. A pigmentação de tomates e melancias é diferente, e a remoção das manchas causadas por eles exige um tratamento diferente.

* É claro que não seriam literalmente o mesmo. Não há uma distinção precisa entre a identidade e a semelhança, pois não existem duas coisas que sejam iguais ou diferentes em todos os aspectos. Dizer que dois fenômenos são "o mesmo" é mais uma manifestação da capacidade de distinguir semelhanças e diferenças pertinentes e não-pertinentes, capacidade que desempenha importante papel no raciocínio analógico. Ver pp. 98-100.

não houvesse um vizinho que já tivesse usado um cortador de grama e pudesse aconselhá-lo? Como o vizinho teria aprendido o que fazer, e como saberia que o que funciona para o seu cortador de grama funciona para o de Charlie, o qual não é do mesmo modelo? Longe de se tratar de algo específico ao direito, o raciocínio analógico é usado por todos nós, constantemente, na administração dos problemas mais usuais. Nossas vidas dependem dele.

Qualquer que seja o êxito que Edna, Charlie e todos nós obtenhamos no uso do raciocínio analógico para resolver os menores transtornos da vida cotidiana, aqueles que rejeitam ou depreciam o seu uso no direito provavelmente não devem estar convencidos de que tal êxito tenha algo a ver com as suas preocupações. A solução prática e improvisada de problemas, que todos nós empregamos, parecerá a eles um modelo estranho às decisões de um tribunal. Em primeiro lugar, a natureza das tarefas é diferente. Edna e Charlie precisam de informações específicas sobre o que está acontecendo; mais particularmente, sobre como funcionam as coisas. Já um tribunal determina os direitos e deveres das partes; ele prescreve um comportamento. (As tarefas nem sempre são tão diferentes. Geralmente usamos o raciocínio analógico para resolver alguma questão sobre como se deve agir ou se deveria ter agido numa situação específica, e essa é uma questão prescritiva, assim como a questão que se põe perante o tribunal.)

Do mesmo modo, a maneira de iniciar as tarefas é diferente. As lições da experiência ordinária, como aquelas em que Edna e Charlie se baseiam, são adquiridas e aplicadas na maioria das vezes de modo episódico e aleatório, ainda que sejam por vezes reunidas em práticas cotidianas que possuem algo do caráter das normas. O direito, por outro lado, organiza-se sistematicamente num corpo de normas que se apresenta como a "letra da lei" – códigos, compêndios de jurisprudência* e afins, os quais estão disponíveis para exame e foram feitos para ser usados em casos futuros. Uma decisão judicial, seja qual for sua importância, é cuidadosamente ponderada e só deve ser tomada depois de a questão ter sido debatida e os resultados alternativos, rigorosamente defendidos. Uma vez proferida, a decisão fica sujeita ao reexame e à reconsideração por parte de outros juízes, advogados e estudiosos do direito†. Ademais, o ato de julgar é regulado por procedimentos formais que não encontram nenhum correspondente na vida cotidiana. Uma irregularidade processual pode dar causa à invalidação de uma decisão, por mais persuasiva que ela seja em função dos seus próprios méritos. (Em contrapartida, ainda que se considere burrice Mary não experimentar pôr sal primeiro em algo menos precioso do que a sua melhor toalha de mesa, Edna não será censurada se a mancha for removida.) Assim, ao lidarmos com uma toalha de mesa manchada, com um cortador de grama empacado ou com coisas afins, provavelmente não pensaremos em como nossa ação afetará o que faremos doravante. Não há dúvida de que, se ela funcionar, nós a usaremos novamente, caso o mesmo problema torne a ocorrer; poderemos

---

* "Compêndios de jurisprudência" (*restatements*) são codificações da jurisprudência numa área geral do direito. Eles são produzidos pelo Instituto de Direito Americano, uma fundação privada situada na Filadélfia, que engloba entre seus membros advogados destacados, juízes e professores de direito. Os compêndios são elaborados por um comitê e finalmente aprovados pelo conjunto dos filiados. Embora não tenham nenhuma autoridade jurídica formal, eles vêm adquirindo grande importância e amiúde são citados nas sentenças.

† Os juízes de um mesmo tribunal ou de um tribunal de instância inferior na mesma jurisdição podem ser obrigados a aderir à decisão judicial anterior vigente. Mas, em geral, eles dispõem de alguma alçada para "distinguir" os casos e considerar qual era de fato a extensão da decisão anterior. De qualquer modo, mesmo os juízes que não têm essa obrigação fazem referências às decisões de outros casos e levam-nas em conta em seu arrazoado.

também vir a aplicá-la (raciocinando analogicamente) a um problema diferente embora semelhante (geléia vermelha). Por ora, porém, nossa preocupação centra-se no problema imediato; o problema e a solução não são gerais, mas particulares. Ainda que uma decisão judicial também seja particular – isto é, decide apenas um caso –, suas implicações são gerais; ela anuncia uma norma que foi fundada no passado e se prolonga no futuro. Todas essas diferenças apontam para uma diferença principal. Se, por um lado, é provável que a solução de um problema prático do dia-a-dia seja obtida sem um estudo prolongado ou um procedimento formal, ou sem que se faça uma consideração que vá além do problema concreto em si, por outro lado essa solução pode ser, via de regra, testada de maneira direta e definitiva: a toalha de mesa de Mary fica limpa; ou o cortador de grama de Charlie liga, ou não – e é o que basta, uma vez que nada mais está em jogo. No processo judicial, porém, a situação é invertida. A deliberação e a formalidade processual que precedem a decisão, e o interesse em obter um resultado que resolva problemas semelhantes no futuro, não são amparadas após a decisão por nenhum critério definitivo acerca de sua justeza*. Sem dúvida, a falta de uma tal prova justifica em grande parte a atenção dada ao processo por meio do qual se obtém a decisão, bem como a insistência acadêmica em que o raciocínio analógico seja substituído por formas lógicas mais rigorosas. Não obstante os muitos aspectos do argumento jurídico e da decisão judicial que não têm nenhum correspondente na vida cotidiana, a forma de raciocinar – derivan-

---

* Evidentemente, um tribunal recursal pode reformar ou confirmar a decisão do juízo de primeira instância. Mas não há nenhuma prova da justeza da decisão do tribunal recursal, a menos que ela seja submetida ainda ao reexame de um tribunal superior.

do a solução de um problema a partir da solução de um outro, com base na semelhança entre eles – é a mesma em ambos. Além disso, embora o uso de raciocínios analógicos nos afazeres ordinários cotidianos seja um expediente corriqueiro e altamente proveitoso, no processo judicial ele é mais do que isso. É indispensável.

b. Raciocínio jurídico

Primeiramente, é preciso explicitar o que até agora esteve implícito em nossa discussão. O termo "raciocínio jurídico", tal como é normalmente usado e como o emprego aqui, refere-se àquele padrão de raciocínio adotado pelos advogados quando defendem uma causa e pelos juízes quando decidem uma causa. Não se refere, porém, ao raciocínio dos legisladores e de seus auxiliares que argumentam em favor de determinada lei ou contra ela, nem ao das autoridades administrativas quando tomam medidas para fazer cumprir as leis, embora todos desenvolvam raciocínios sobre o direito e, quase com certeza, façam uso de analogias. A função judicial de um tribunal é determinar o resultado de uma controvérsia concreta e específica em todas as suas particularidades. Nesse sentido, ela é bem diferente da atividade legislativa, que, mesmo incitada por circunstâncias particulares, tem o objetivo de moldar uma norma de aplicação geral para todos os casos de certo tipo. É diferente também da atividade executiva, à qual cabe implementar determinado resultado num caso particular*. A diferença de função

---

* Na prática, as diferenças entre julgamento, legislação e administração não são tão claras. Os órgãos administrativos, em específico, desempenham funções que englobam essas três atividades. Entretanto, espera-se que eles cumpram suas várias funções de um modo que reflita o tipo de função a ser cumprida.

explica por que o raciocínio analógico, embora em geral seja útil no direito em geral e em outras esferas da vida humana, tem um papel especial no ato de julgar. O ponto de partida para uma decisão judicial são os fatos efetivos de uma controvérsia entre duas ou mais partes. Esse aspecto do raciocínio jurídico, implícito no próprio sentido da palavra "julgamento", é manifesto no dispositivo comum que limita a jurisdição de um órgão judicial a uma "causa ou controvérsia" específica[†]. Naturalmente, as peças processuais e as argumentações orais dos advogados iniciam-se com uma enunciação dos fatos do litígio. O mesmo se passa com as sentenças judiciais[‡]. É por causa desses fatos e desse litígio que os advogados e o juiz estão em juízo; por ora, é só isso que eles têm em comum. Somente uma pequena quantidade de detalhes da situação que dá motivo à controvérsia afetará o resultado – mas todos os detalhes estão potencialmente sujeitos à consideração dos profissionais, já que é essa situação específica, e nenhuma outra, que precisa ser resolvida. Os argumentos dos advogados e a sentença do juiz relatam apenas aqueles fatos que eles acreditam ser essenciais para o resultado. Ainda que provavel-

---

[†] Ver Constituição dos Estados Unidos, Artigo III, § 2. A limitação da competência judicial a uma causa ou controvérsia pode ser atenuada por dispositivos pelos quais um tribunal possa responder a uma questão hipotética ou a uma requisição de parecer sobre questão de direito não relacionada com caso concreto, feita por outro órgão público. A Constituição de Massachusetts, emenda 85, por exemplo, determina: "Cada ramo do legislativo, bem como o governador ou o conselho, terá autoridade para requisitar pareceres dos juízes da suprema corte, a respeito de importantes questões de direito e em ocasiões solenes."

[‡] A decisão do juiz-presidente Warren, da Suprema Corte, no caso *Miranda vs. Arizona*, 384 U.S. 436 (1966), é uma rara exceção, razão por que a instituição, pela Corte, das chamadas "*Miranda rules*" [que estipulam os deveres e os limites a ser observados pelas autoridades policiais quando do interrogatório policial de um suspeito – N. do E.] foi severamente criticada por ser mais "legislativa" que "judicial".

mente haja fatos cuja pertinência se possa contestar, há muitos outros cuja pertinência, ou a falta dela, é indiscutível e óbvia. No caso *Adams*, nem os advogados (até onde sabemos) nem o tribunal recursal pensaram ser necessário mencionar o propósito da viagem do querelante, ou o que ele tinha comido no jantar, ou ainda se havia chovido na noite em questão, embora qualquer um desses fatos *pudesse* até ter sido pertinente em outras circunstâncias*. Esses fatos e uma miríade de outros detalhes dessa situação particular – a viagem de Adams rio acima – não foram levados em conta; mas estavam disponíveis para consideração, caso o advogado de uma das partes ou o tribunal os julgasse apropositados.

Uma segunda marca distintiva do processo judicial é que a decisão do tribunal deve se basear inteiramente no direito. Muito já se escreveu sobre essa exigência, tanto em relação ao que ela significa quanto ao modo de levá-la a cabo. Em princípio, ela é simples e, de fato, óbvia. Pois a questão que traz as partes ao tribunal é o que *o direito* obriga cada uma delas a fazer uma em relação à outra, dentro das circunstâncias, e não (exceto na medida em que as suas obrigações jurídicas possam implicar tais questões) como podem conseguir alcançar melhor seus objetivos individuais ou mútuos; ou – pondo o direito de lado – quais objetivos devem buscar, ou o que aperfeiçoará os interesses gerais da sociedade. (Mary não solicitaria uma decisão judicial sobre o modo de remover uma mancha; mas se Edna tivesse manchado a toalha e

---

* Se o propósito de Adams, ao fazer a viagem, fosse o de vender bens furtados, isso teria feito alguma diferença? E se tivesse bebido muito vinho durante o jantar? E se tivesse havido uma tempestade enquanto ele dormia? Provavelmente, nenhum desses fatos, considerado em si mesmo, interferiria no resultado. Mas, com um pouco de engenhosidade, pode-se imaginar que, associados a outros fatos, eles talvez fizessem alguma diferença.

não fizesse nada a respeito, Mary poderia solicitar que um tribunal declarasse ter Edna a obrigação jurídica de indenizá-la. Charlie não perguntaria a um juiz como ligar o seu cortador de grama, mas, se estivesse convicto do defeito da máquina, poderia solicitar a um órgão judicial que declarasse que a loja que lhe vendeu o aparelho estava juridicamente obrigada a consertá-lo ou substituí-lo.) Quanto a quais são as fontes do direito, trata-se de questão que suscita muita discordância, embora não haja dúvidas de que é um órgão judicial, e ninguém mais, que deve procurar essas fontes*. Tampouco se pode concluir que não há direito aplicável que resolva a controvérsia perante o juízo, devendo esta permanecer sem solução. Um juiz que não consegue encontrar nenhuma lei

---

* John Chipman Gray, *The Nature and Sources of the Law* (2.ª ed. ,1921), obra hoje considerada um clássico da teoria do direito, é uma boa introdução ao tema das fontes próprias da decisão judicial. Benjamin N. Cardozo, *The Nature of the Judicial Process* (1921), um outro clássico, oferece uma excelente discussão geral. Discussões mais recentes que tocam o mesmo tema estão reunidas em obras sobre a interpretação jurídica em geral; a respeito disso, ver pp. XXIII-XXIV e as referências aí citadas.

Os adeptos do realismo jurídico e dos estudos jurídicos críticos, ver p. 8n., questionaram se as fontes do direito no processo judicial são diferentes das fontes da legislação e da política social em geral. Ver, p. ex., Karl N. Llewellyn, *Some Realism About Realism – Responding to Dean Pound*, 44 Harv. L. Rev., p. 1.222 (1931); Roberto Mangabeira Unger, *The Critical Legal Studies Movement* (1986). Numa linha bem diversa, algumas teorias do direito e da relação entre direito e moral frisam que os princípios morais e políticos que não foram assimilados pelo direito positivo contam-se entre as fontes a que um juiz deve recorrer. Ver, p. ex., Ronald Dworkin, *Taking Rights Seriously*, pp. 81-130 (1977). Tais teorias não contradizem a proposição de que as fontes que respondem pela questão do resultado jurídico correto de uma controvérsia devem ser encontradas dentro do direito. Antes, elas afirmam que os princípios em questão estão implícitos no direito ou, de qualquer modo, mantêm inevitavelmente uma forte ligação com sua interpretação correta. A questão da existência de um conjunto claro e distinto de princípios morais e políticos, que fazem parte do próprio direito, está no cerne do debate entre a maioria dos adeptos do jusnaturalismo e do positivismo jurídico. Ver pp. 152-8. Para uma outra interpretação da distinção entre os dois, ver Lloyd L. Weinreb, *Natural Law and Justice*, pp. 97-126, 259-63 (1987).

ou precedente judicial para lidar diretamente com o problema que lhe é apresentado não lava as mãos e diz aos litigantes que o resolvam eles mesmos*.

Os advogados que atuam em juízo sabem que a maioria das controvérsias jurídicas surge porque as partes têm opiniões diferentes sobre os fatos; e, tão logo as questões factuais sejam todas resolvidas, a causa é facilmente decidida. Às vezes, depois de conhecidos os fatos, a norma jurídica aplicável é tão clara que o tribunal nada tem a fazer senão declarar a norma e anunciar a decisão**. Muitas causas são resolvidas dessa maneira. A maior parte das obrigações jurídicas, afinal das contas, não é controversa e jamais são levadas ao exame do tribunal, pois as partes reconhecem suas obrigações recíprocas e as cumprem. Inquilinos pagam o aluguel, empregadores pagam o salário dos empregados, devedores devolvem o que pegaram emprestado, tudo isso sem recorrerem ao processo judicial. A vida em comunidade seria impossível de outro modo.

Se os fatos, conforme determinados, não se mostram claramente sujeitos a uma norma dispositiva, cada um dos lados tentará apresentar os fatos e o direito numa perspectiva coerente com o resultado que lhe favorece. Os fatos e o direito estão intimamente ligados; e não há nenhum motivo para questionar os fatos, a não ser que as normas aplicáveis estipulem que determinados fatos interferem no resultado. É por isso que não houve

---

* Na ausência de uma norma estabelecida que prescreva um resultado, pode-se afigurar que o juiz, informado por considerações alheias ao direito, deve preencher essa lacuna por meio do exercício de seu discernimento. De fato, um juiz tem mais discricionariedade numa situação dessas. Contudo, a sua obrigação é decidir de acordo com o direito. O método do raciocínio analógico capacita-o para tal. Ver p. 73.

** Mesmo num caso assim, o raciocínio por analogia não está completamente ausente, embora possa passar despercebido. Ver p. 68n.

nenhuma discussão sobre o que Adams comeu no jantar na noite em que seu dinheiro foi roubado, ainda que, talvez, ele e o garçom tivessem diferentes recordações do que foi servido. Desse modo, considerando cuidadosamente o direito, um advogado não vai apenas ressaltar os fatos que corroboram a posição de seu cliente e minimizar os que o prejudicam, mas também – até onde os fatos permitirem – vai *caracterizá-los* de uma maneira que sugira a aplicação de uma norma favorável à posição de seu cliente. Ao mesmo tempo, considerando cuidadosamente os fatos, ele vai destacar as normas jurídicas favoráveis à posição de seu cliente e – até onde as normas permitirem – *interpretá-las* de uma maneira que corrobore essa posição. Ajustando entre si a caracterização dos fatos e a interpretação do direito, o objetivo do advogado é entretecer esses dois elementos para formar uma explicação coerente, indicando a conclusão de que o direito aplicado a esses fatos impõe um único resultado. O advogado da outra parte vai fazer o mesmo esforço do mesmo jeito, embora por certo vá dirigir seu argumento para um resultado diferente.

No caso *Adams*, não havia nenhuma norma que definisse expressamente a responsabilidade dos operadores de barco a vapor; a norma geral era que uma pessoa só se responsabilizava pelas perdas de outra na medida em que tivesse sido negligente. Os hoteleiros estavam sujeitos a uma norma mais estrita, o que os tornava objetivamente responsáveis – isto é, mesmo sem prova de negligência – pelas perdas de seus hóspedes. Portanto, era do interesse do querelante enfatizar que o barco a vapor no qual Adams viajava possuía alojamentos para pernoitar, como num hotel, e deixar de lado o fato de que o barco a vapor não era um prédio, mas um meio de transporte que ia rio abaixo e rio acima, o que certamente não é atributo de um hotel. Por assim dizer, levar os fatos à norma foi evidentemente mais fácil do que levar a norma aos fatos e afirmar diretamente que a norma sobre a responsabilidade de um hoteleiro foi concebida para valer não apenas para os hoteleiros, mas também para os operadores de barco a vapor que conduzem passageiros rio afora durante a noite. Qualquer que fosse o argumento, o resultado que se sustentava – e que favoreceu o querelante – era o mesmo. Já o advogado de defesa teria ressaltado a diferença entre um hotel (estacionado em terra) e um barco a vapor (viajando rio afora), bem como a semelhança entre este último e o vagão-dormitório, cujo operador não estava sujeito à norma de responsabilidade objetiva.

Em sua decisão, o tribunal adotou a caracterização que o querelante fez do barco a vapor, chamando este, "para todos os efeitos, de um hotel flutuante", "um desses palácios flutuantes modernos que (...) navegam pelas águas internas do país"[1]. Estabelecida essa analogia, a norma de responsabilidade do hoteleiro tornou-se aplicável, e a norma de responsabilidade do operador do vagão-dormitório, que poderia ter sido considerada pertinente, tornou-se inadequada. Ao mesmo tempo, o tribunal aquiesceu diante do argumento alternativo do querelante. Se a norma dos hoteleiros não se aplicava aos operadores de barcos a vapor, pelo menos "as mesmas considerações de interesse público se aplicam"[2].

Do mesmo modo, no caso *Katz*, ao considerar a escuta eletrônica clandestina das conversas telefônicas de Katz e confrontá-la com a norma do caso *Olmstead*, de acordo com a qual a busca e apreensão proibida pela

---

1. *Adams vs. New Jersey Steamboat Co.*, 151 N.Y. 163, 167, 170 (1896).
2. *Idem*, p. 167.

Quarta Emenda é somente a que implica em invasão, a Suprema Corte poderia ter tomado uma de duas vias para chegar à conclusão de que a escuta clandestina foi uma violação dos direitos constitucionais de Katz. Poderia ter se baseado numa analogia factual e declarado que a escuta clandestina era uma invasão (ou que era "interpretativamente" uma invasão, ou ainda uma "quase-invasão"*), trazendo assim os fatos para dentro da norma do caso *Olmstead*; ou poderia ter declarado, como efetivamente o fez, que uma ação de busca e apreensão de acordo com o sentido da Quarta Emenda não implica necessariamente uma invasão física, expandindo assim a norma para abarcar os fatos. Seis anos antes, num outro caso não tão diferente do *Katz*, a Corte seguiu a primeira via[3]. Policiais obtiveram autorização para ocupar uma casa geminada, desabitada e contígua a uma outra casa que eles acreditavam estar sendo usada como centro de operações de jogos ilegais. Através de um microfone oculto introduzido numa parede comum às duas casas, por onde passava um tubo de calefação da casa suspeita, os policiais conseguiam ouvir secretamente as conversas que lá se passavam. Distinguindo-o de um outro caso em que decidira que a ação de acoplar um aparelho de escuta numa parede comum, sem nela penetrar, *não* constituía uma operação de busca e apreensão[4], a Corte pôs em evidência o fato de que o microfone oculto tinha sido inserido *dentro* da parede e, raciocinando analogicamente, concluiu que essa "penetração física não autorizada na propriedade" ocupada pelos acusados satisfazia o requisito de invasão para uma ação de busca e apreensão, "havendo ou não uma invasão conforme o sentido téc-

---
* "Interpretativamente" e "quase-" significam, *grosso modo*, "poderia também ter sido".
3. *Silverman vs. Estados Unidos*, 365 U.S. 505 (1961).
4. *Goldman vs. Estados Unidos*, 365 U.S. 129 (1942).

nico do direito de vizinhança local"[5]. Num voto convergente, o juiz Douglas objetou ao raciocínio da Corte, a qual, segundo ele, fez com que a decisão de tais causas dependesse de uma trivialidade – "a profundidade da penetração do dispositivo eletrônico" – em vez de levar em conta a questão da invasão de privacidade, que era a mesma fosse qual fosse o tipo de equipamento eletrônico empregado[6]. No caso *Katz*, cientes do resultado do caso anterior, os agentes federais que instalaram o dispositivo de escuta não penetraram na parede da cabine telefônica[7]; de modo que, caso se aplicasse o velho requisito de invasão, a escuta clandestina não poderia ser descrita como um ato de busca e apreensão. Mas, seguindo a linha de raciocínio do juiz Douglas, a Corte levou em conta as circunstâncias daquele caso, modificou a norma e alargou o significado de "busca e apreensão" a fim de incluir a escuta clandestina em geral, mesmo que não envolvesse nenhuma intrusão física*[8].

---

5. *Silverman*, 365 U.S., pp. 509, 511.
6. *Idem*, p. 513.
7. *Katz vs. Estados Unidos*, 389 U.S. 347, 348, 352 (1967).
* Há limites para a inclusão dos fatos na norma. Há uma anedota bem conhecida a respeito de um reitor da Faculdade Worcester, na Universidade de Oxford, que morava no campus e criava em seus aposentos um cachorro chamado Flint. Conta-se que alguém reclamou, pois um regulamento da universidade proibia cachorros no campus. Segundo a história, o reitor respondeu: "Caro senhor, meu cachorro é um gato." Ver John Walsh, "Harry's Dogs", em Lesley Le Claire, *For Harry*, pp. 54, 57-8 (Abbey Press, Abingdon, 2001). O cachorro permaneceu nos aposentos do reitor; podemos dizer, porém, que a réplica do reitor estendeu os limites da língua e de sua interpretação até o ponto de ruptura, ou para além dele. Ironias à parte, a classificação científica das espécies de animais torna difícil defender sem meias palavras a idéia de que um cachorro é um gato – mas e se, quem sabe, Flint fosse um excelente caçador de ratos? A resposta do reitor teria sido menos notável se, em vez de adaptar os fatos à sua conveniência, ele tivesse interpretado a norma e dito, ao modo de um argumento jurídico, que, apesar da linguagem genérica do regulamento, a norma não se aplicava a funcionários da universidade ou ao reitor, ou que a proibição não se referia a cães de pequeno porte ou cães bem comportados.
8. *Idem*, pp. 352-3.

Dispondo dos fatos de uma causa e buscando nas fontes do direito um fundamento de decisão, a tarefa do advogado ou do juiz consiste, primeiramente, em situar os fatos dentro de uma ampla área do direito que lide com esse tipo de conduta humana e, depois, em levar em conta detalhes cada vez mais específicos para estreitar progressivamente o foco, até que disso emerja uma norma que se aplique diretamente aos fatos em pauta. Em geral, a área aplicável do direito é determinada rápida e facilmente, pois as categorias do direito correspondem – como seria de esperar – aos tipos de controvérsia que surgem. Ocasionalmente, os fatos que dão margem a um litígio não se situam nitidamente dentro de uma ou outra categoria claramente definida, mas recaem na fronteira entre duas categorias bem definidas, de modo que as normas jurídicas de ambas podem igualmente ter alguma influência sobre o resultado*. As categorias jurídicas conhecidas – responsabilidade civil, contratos, direito penal, direito ambiental, valores mobiliários e assim por diante – não são, em todo caso, rígidas e mutuamente exclusivas, mas antes rubricas convencionais que se referem a um agrupamento de normas relacionadas entre si pelo tipo de conduta com que lidam[†]. Conforme o foco

---

*Ver, por exemplo, *Crisci vs. Security Insurance Co. of New Haven, Conn.*, 426 P2d 173 (Cal. 1967), em que a querelante, depois de ser ré numa prolongada ação de reparação por danos pessoais, processou o réu – seu segurador – por ter se recusado a aceitar a indenização num valor muito menor, em torno do estabelecido pela apólice de seguro. A querelante pediu uma indenização que incluía uma quantia por sofrimento psicológico. Concedendo a indenização à querelante por danos materiais (o valor da indenização que ela pagara) e morais (seu sofrimento psicológico), o tribunal disse que o pedido baseava-se tanto numa cláusula implícita no contrato de seguro – um tópico do direito dos contratos – quanto na conduta negligente do réu – um tópico da responsabilidade civil extracontratual. Há, freqüentemente, interseções limítrofes entre o direito dos contratos e a responsabilidade civil.

† Exceto por uma questão de conveniência, as rubricas não são, enquanto tais, parte do direito, embora possam ter sido assim consideradas no pas-

vai se estreitando, mais e mais fatos vão sendo incluídos – a perda de um bem de uma pessoa... que depositava confiança em outra pessoa... sem negligência ou culpa da outra pessoa... num barco a vapor... que oferece alojamento para pernoite... – e a norma vai se delineando de modo cada vez mais preciso, até que surja uma norma singularmente aplicável a esses fatos.

Em algum ponto termina a convergência entre o direito e os fatos. Por mais que o texto de uma norma especifique de modo abrangente as circunstâncias em que se deve aplicá-la, não pode especificar *todos* os fatos de um caso concreto particular sem perder seu caráter normativo*. Inevitavelmente, para que as palavras comuniquem alguma coisa, e não apenas indicar algo que está imediatamente presente – "Isso não, aquilo!" –, é preciso que elas sejam mais ou menos gerais. Nenhuma palavra esgota a descrição daquilo que ela designa – como se reproduzisse de modo completo a própria coisa –, e não pode, portanto, eliminar integralmente a possibilidade de especificações posteriores por meio da inclusão

---

sado, uma vez que determinavam as "formas de ação", que são exigências processuais para causas de um ou outro tipo. Ver F. W. Maitland, *The Forms of Action at Common Law* (1936). As rubricas podem ser determinadas tanto por alguma consideração externa – como o currículo da faculdade de direito ou o tema de um tratado ou de um compêndio de jurisprudência – quanto por uma fronteira real entre uma e outra área de conduta.

* "Não há normas para casos particulares." Frederick Schauer, *Playing by the Rules*, p. 17 (1991). É por isso que quando o tribunal quer derrogar a jurisprudência entronizada numa causa anterior, sem porém dar a entender que está fazendo exatamente isso, declara que a norma que decidiu aquela causa é "limitada àqueles fatos", como a Suprema Corte disse a propósito do caso *Jewell-LaSalle* na decisão de *Fortnightly*. Ver p. 50. Para outro exemplo, ver *Kirby vs. Illinois*, 406 U.S. 682, 689 (1972), causa na qual a Suprema Corte, tendo mudado de opinião sobre os fundamentos constitucionais que impõem limites ao interrogatório policial de suspeitos – ver *Miranda vs. Arizona*, 384 U.S. 436, 465-466 (1966) –, declarou que o seu pronunciamento, feito dois anos antes, no caso *Escobedo vs. Illinois*, 378 U.S. 478, (1964), estava "limitado (...) àqueles fatos".

de qualificações adicionais – "Quando eu disse que você podia comprar um livro, não quis dizer um gibi" – ou da exclusão de alguma qualificação que tinha sido aceita tacitamente – "Quando eu disse que você podia comprar um livro, não quis dizer que tinha de ser um livro educativo". O uso explícito de quantificadores abrangentes ("algum", "todos", "nenhum") torna problemático e, sem dúvida, menos convincente o acréscimo ou a eliminação de qualidades posteriores; porém, desde que a qualidade seja tomada como parte do significado das próprias palavras, e não como um afastamento delas, ela não pode ser posta de lado – "Quando eu disse 'qualquer livro', certamente não quis dizer um *gibi*". Ademais, embora as palavras que usamos para descrever nossas experiências sejam arroladas em categorias distintas, os fenômenos reais são predominantemente contínuos; a "natureza" e, de maneira geral, os instrumentos artificiais também evitam interrupções bruscas. Algumas categorias gerais deixam pouco espaço para incertezas ("Todos os homens de pelo menos dezoito anos de idade"); mas normalmente há uma zona de incerteza, inevitável na maioria das vezes e situada nas fronteiras, nas quais incidirão alguns fenômenos*. Por am-

---

* Mesmo a expressão "homens de dezoito anos" tem alguma ambigüidade. Ver *Parker vs. União*, 484 A.2d. 1020 (Md. App. 1984), causa em que o réu afirmou não poder ser julgado como adulto porque não tinha dezoito anos no momento em que cometera o crime de que era acusado; o crime fora cometido no dia do seu aniversário às 9h45, e ele nascera às 12h50. Referindo-se retrospectivamente a um caso inglês decidido em 1663, o tribunal recusou o argumento. A incerteza pode ser eliminada ao se enumerar todos os membros de uma categoria fechada ("John, Jane e Janet Jones") em vez de nomear a própria categoria ("os filhos de James Jones, independentemente de quando nasceram"); mas isso privaria a proposição em questão da generalidade que caracteriza a norma. (Se James Jones fosse um viúvo de oitenta anos, seria possível supor que a categoria "os filhos de James Jones" estava efetivamente fechada. Mas a categoria é geral e a incerteza sempre permanece. Por exemplo: estariam incluídos aí um filho que ele adotou posteriormente ou os enteados da viúva com quem veio a se casar?)

bas as razões – porque as palavras, como símbolos dotados de significado, são gerais, e os fenômenos, como tais, são particulares, e porque as palavras, por mais precisas que sejam, não distinguem completamente os fenômenos em todas as suas variedades –, permanece aí uma lacuna entre a norma e as suas aplicações, lacuna de que nenhuma enunciação adicional da norma ou especificação de fatos conseguirá dar conta. Qualquer norma que pareça aplicável aos fatos de um litígio passará em silêncio alguns de seus detalhes concretos. Um ou outro desses detalhes – a mobilidade do barco a vapor ou seu fornecimento de alojamentos, a ausência de intrusão física ou a intromissão numa conversa particular – terá uma importância especial ou uma impertinência manifesta, conforme o conteúdo da norma sob consideração. Mas nenhum deles pode de antemão ser desconsiderado ou declarado impertinente, já que é a causa em questão, e nenhuma outra, que deve ser decidida.

Tendo, pois, que preencher a lacuna entre os fatos e a norma, podemos nos reportar a uma regra de decisão, ela própria parte do direito, que estabelece o peso que deve ser dado aos fatos, ou fatores, de um ou de outro tipo, ou que determina, em relação a duas normas conflitantes, qual delas deve prevalecer. Mas, como tal norma também é geral na sua forma, permanecerá uma lacuna entre ela e as ocasiões específicas de sua aplicação*. Em

---

Para uma discussão bastante conhecida desse problema no contexto do direito, introduzindo uma distinção entre o "cerne do significado determinado" de um termo geral e "uma penumbra de casos contestáveis nos quais as palavras não são obviamente aplicáveis nem obviamente despropositadas", ver H. L. A. Hart, *Positivism and the Separation of Law and Morals*, 71 Harv. L. Rev., pp. 593, 607 (1958), e Lon L. Fuller, *Positivism and Fidelity to Law – A Reply to Professor Hart*, 71 Harv. L. Rev., pp. 630, 661-9 (1958).

* "As situações de fato específicas não esperam por nós já distinguidas umas das outras e marcadas como ilustrações da norma geral cuja aplicação

suma, em algum ponto do argumento o conteúdo das normas se esgota e a aplicação clara do direito ao fato titubeia. Tendo que dar conta de todos os fatos nos seus detalhes específicos, e tendo que encaixá-los numa norma jurídica, o advogado ou o juiz vai recorrer ao raciocínio analógico para decidir se, levando tudo em consideração, os fatos se assemelham mais aos fatos regidos por uma norma ou pela outra, efetiva ou hipoteticamente.

Ainda que nenhuma norma imponha uma decisão à maneira de um argumento dedutivo, a escolha da analogia a que se deve dar preferência não é um jogo de cara-ou-coroa. Assim como o bom senso, a saber, a acumulação da experiência ordinária, diz a Edna que o preço do suco de mirtilo não faz diferença – nem se ele é importado –, assim também um advogado ou juiz confia no seu conhecimento e na sua experiência jurídica. Quanto maior é a sua perícia numa área particular do direito, mais provável é que a analogia por ele escolhida seja convincente para os outros (do mesmo modo que o conselho que Edna deu a Mary teria sido mais convincente se ela tivesse um diploma de química). A escolha é instruída também por um amplo entendimento daquilo que é pertinente ao tipo de decisão a ser tomada – o problema da responsabilidade (no caso *Adams*), ou da regulamentação dos negócios (no caso *Jewell-LaSalle*), ou dos direitos individuais (no caso *Katz*) – e, num sentido ainda mais amplo, por aquilo que, de modo geral, "vale alguma coisa" no direito. Especialmente quando a escolha

---

está em questão; tampouco a própria norma pode se adiantar para definir seus próprios casos concretos... Os cânones de "interpretação" não podem eliminar essas incertezas, embora possam diminuí-las; pois esses cânones são, eles próprios, normas gerais para o uso da linguagem e lançam mão de termos gerais que exigem, eles próprios, interpretação. Eles não conseguem, não mais que as outras normas, sustentar por si sós sua própria interpretação." H. L. A. Hart, *The Concept of Law*, p. 126 (2.ª ed. 1994).

é fechada – como o farão parecer os advogados competentes num caso seriamente controverso –, esse atino do advogado para as soluções pode ser atribuído a algo tão indefinido quanto a simples "intuição", e a decisão do juiz, a um "pressentimento" ou "capricho". Mas é no direito (como também, é claro, no simples bom senso) que uma decisão deve se apoiar, e é com base nele que, cuidadosamente formulada, ela ganha nosso assentimento. A decisão não é uma prova, não fornece certeza, sendo possível que pessoas razoáveis dela discordem. Mas no direito, assim como nas questões humanas em geral, não existe prova.

Certamente, no entanto, há decisões judiciais em que o argumento analógico está ausente ou desempenha um papel secundário. A necessidade e a proeminência dos argumentos analógicos estão diretamente relacionadas com a extensão da lacuna entre os fatos e a norma, que tais argumentos servem para preencher. Se os fatos de uma causa estão, como se diz, "em correspondência direta" com os fatos de uma causa anterior, enquadrando-se diretamente na norma desta última, quase não há necessidade de formular explicitamente um raciocínio analógico, pois a conjunção dos fatos com a norma se realiza sem ele. Se Adams tivesse passado a noite num hotel e não num barco a vapor, a responsabilidade do hoteleiro seria clara e ele provavelmente não teria recorrido da decisão a dois tribunais superiores. Assim também, se os agentes federais tivessem feito a escuta clandestina das chamadas telefônicas de Katz por meio de um microfone oculto, como no caso anterior, não se teria exigido mais do que uma menção a este último para que sua pretensão fosse aceita*. Às vezes, mes-

---

* Mesmo quando um caso está em correspondência direta com um caso anterior, faz-se necessário um elemento do raciocínio analógico. Pois, uma vez

mo que não haja um caso anterior que trate precisamente da mesma questão, o tribunal ou algum outro tribunal superior, contudo, já indicou, numa sentença justificada, a maneira como uma causa desse tipo deve ser decidida. Por exemplo, ao discutir a responsabilidade de um hoteleiro numa causa anterior, o Tribunal Recursal de Nova York poderia ter observado que "os hoteleiros e *todos os outros que oferecem acomodações privadas para pernoite em terra ou em água* têm responsabilidade objetiva pelas perdas de seus hóspedes". Tivesse agido assim, o tribunal, no caso *Adams*, poderia ter se baseado diretamente nisso e não teria precisado delinear a analogia entre hoteleiros e operadores de barcos a vapor**.

Às vezes também, na ausência de uma norma que se aplique manifestamente aos fatos de um litígio, aconte-

---

que não há dois casos semelhantes em *todos* os aspectos e uma norma não pode determinar dispositivamente a sua própria aplicação, segue-se que qualquer disposição sobre o seu campo de aplicação tem, ele próprio, de ser interpretado. Poder-se-ia dizer, portanto, que, a rigor, o raciocínio analógico é necessário para ligar a norma do caso anterior aos fatos particulares do caso posterior. No entanto, sendo tão forte a semelhança entre os fatos dos dois casos, e sendo as dessemelhanças tão obviamente irrelevantes, não há necessidade de tornar explícita a analogia. Numa situação dessas, o processo de reflexão se assemelha mais ao uso de termos gerais na linguagem cotidiana, os quais somos capazes de aplicar facilmente e sem controvérsias a casos particulares que não são completamente semelhantes a nada que já tenhamos visto. A faculdade de raciocínio analógico é inerente à nossa capacidade para usar termos gerais. Ver pp. 98-103.

** Já que, no caso anterior, o réu, ao que tudo indica, *era de fato* um hoteleiro, a observação do tribunal sobre aqueles que oferecem acomodações em meios de transporte aquáticos teria sido uma opinião pessoal do juiz (um *dictum*), uma vez que não era necessária à decisão. Os tribunais observam, por vezes, que essa opinião não é de aplicação obrigatória em casos posteriores. Ver, p. ex., *Harris vs. Nova York*, 401 U.S. 222, 224 (1971), que recusa, considerando-os opiniões pessoais desvinculadas do mérito da questão, alguns dos votos apresentados cinco anos antes no caso *Miranda vs. Arizona*, 384 U.S. 436 (1966). Porém, a distinção entre um pronunciamento judicial e uma declaração pessoal do juiz nem sempre é clara; e, de qualquer forma, se é o mesmo tribunal (com os mesmos juízes) que julga ambas as causas, é provável que ele trate todas as suas palavras com respeito.

ce de um tribunal formular uma norma com base em argumentos instrumentais que, como tais, não dependem do raciocínio analógico. Assim, no caso *Adams*, o tribunal observou que os passageiros a bordo do barco a vapor deveriam estar protegidos contra as oportunidades de furto. Do mesmo modo, no caso *Katz*, a Suprema Corte chamou a atenção para a expectativa razoável de privacidade de uma pessoa numa cabine telefônica. Em ambos os casos, o órgão decisório evidentemente acreditou que os efeitos de sua decisão seriam salutares. No entanto, por maior peso que um argumento desses possa ter – enquanto matéria de interesse público –, não lhe seria tributável nenhum peso na causa a ser decidida pelo tribunal se lhe faltasse o apoio do raciocínio analógico. Pois a causa deve ser decidida de acordo com o direito e, quaisquer que sejam os argumentos instrumentais que o tribunal venha a contemplar, eles devem ser encontrados, em última análise, no interior do direito. O argumento de que a política exigida pelo bem público era proteger os passageiros contra furto a bordo de um barco a vapor só pôde ter uma posição segura no caso *Adams* porque o barco a vapor foi comparado a um "hotel flutuante" e porque o mesmo argumento tinha sido usado para justificar a norma aplicada aos hoteleiros. No caso *Katz*, a expectativa de privacidade de uma pessoa numa cabine telefônica fez diferença porque era análoga à expectativa de uma pessoa "num escritório comercial, no apartamento de um amigo ou num táxi", situações em que a Quarta Emenda tinha sido previamente invocada para protegê-la. As decisões nos casos *Adams* e *Katz* teriam sido muito diferentes e seriam sujeitas a críticas se não apresentassem nenhuma conexão analógica com o direito anterior e os tribunais tivessem se baseado simplesmente na conclusão de que o resultado alcançado era desejável. Da mesma forma, num nível mais geral, quando um juiz se baseia num tipo qualquer de argumento – num texto legal, numa consideração relativa ao bem público ou em alguma consideração mais geral – em detrimento de outro, ele pode traçar uma analogia com causas anteriores envolvendo áreas bem distintas do direito a fim de mostrar que tais fundamentos estão juridicamente justificados e que a decisão não foi tomada *ad hoc*.

O juiz encontra-se assim numa situação diferente daquela de Edna e de Charlie, que não estão obrigados a seguir um procedimento específico para resolver os problemas diante deles, desde que a solução seja efetiva. Ainda que provavelmente raciocinem por analogia, não precisam fazê-lo. Poderiam experimentar diferentes soluções até encontrar uma que funcionasse (embora seja quase certo que se baseiem no raciocínio analógico para reduzir o leque de experimentos). Ou, então, poderiam invocar uma regra que se aplicasse ao caso, a qual, porém, poderia vir de uma fonte qualquer. Se Edna nunca tivesse removido uma mancha antes, é possível que não encontrasse nenhum fundamento em sua própria experiência a partir do qual pudesse traçar uma analogia. (Ela poderia, por certo, na falta de uma alternativa, traçar uma analogia – por dúbia que fosse – a partir de uma fonte mais remota: lavando roupa, lavando louça ou dando banho no cachorro). Por outro lado, poderia basear-se no simples fato de que sua tia Lizzie lhe disse certa vez que o sal remove várias manchas. Ou, ainda, poderia fazer menção a uma regra, novamente referindo-a a qualquer fonte – "Minha tia Lizzie me disse que sal remove manchas de vinho" –, e usar o raciocínio analógico, estendendo-o até o problema particular de Mary. É claro que, quanto mais confiável for a fonte da regra, mais provável será que Mary aceite o conselho de Edna. De modo semelhante, se o vizinho de Charlie gosta de mexer com motores pequenos, Charlie poderia simplesmente pedir-lhe que ligasse o seu cortador de grama enquanto ele assistia à televisão. Um juiz não tem liberdade para considerar a opinião da tia Lizzie, por mais sensata que geralmente seja – a não ser que ela domine pelo menos essa área do direito e tenha tornado pública a sua opinião –, tampouco pode o juiz consultar o seu vizinho para saber como decidir uma causa. Para ele, que é obrigado a relacionar os fatos de um litígio com uma norma, o raciocínio analógico não é uma conveniência, mas uma necessidade.

Não há ordem fixa de precedência entre o argumento analógico que corrobora a aplicação de uma norma e as razões da norma que são então reunidas em apoio a sua aplicação. Quanto a qual dos dois precede e incita o outro, não é uma questão lógica, mas epistemológica, cuja resposta varia de um juiz para outro e de caso a caso; muito provavelmente a analogia e os argumentos instrumentais que a corroboram serão considerados em conjunto. As razões que justificam uma norma podem corroborar a analogia porque, como nos casos *Adams* e *Katz*, elas se aplicam igualmente à fonte e ao alvo, e assim ajudam a estabelecer a pertinência da semelhança de que depende a analogia. Ao mesmo tempo, a analogia legitima a referência às razões da norma, compreendendo-as no campo de ação do tribunal. Uma ou outra pode ter um peso maior. Pois, se as razões que justificam a norma não são substanciais, isso pode dar a entender que a analogia que corrobora a aplicação da norma é fraca e que uma outra analogia, apontando para uma norma diferente, deve ser preferida. E se a analogia é fraca, isso pode levar a crer que se deve atribuir menos peso às razões que justificam a norma para a qual a analogia aponta. Em termos gerais, quanto mais fortes são as razões da norma, menos convincente a semelhança entre a fonte e o alvo precisa ser para sustentar a analogia; e, quanto mais convincente é a semelhança, mais fracas podem ser as razões – desde que, é claro, a analogia não perca completamente a pertinência.

Em suma, por mais fortes que sejam as convicções pessoais do juiz – seja quais forem as suas fontes – sobre o problema, ele não está livre para decidir uma causa conforme acha correto ou melhor. De forma geral, ele não pode fazer da causa um instrumento de engenharia social ou econômica. Pois, conforme a Suprema Corte admitiu várias vezes, nos casos de transmissão a cabo, tanto os meios quanto os fins têm de ser determinados pelo legislativo. Ou melhor, aplicando o raciocínio analógico aos detalhes que dão novidade à causa, o juiz tem que relacioná-la com uma norma – se não for uma norma sobre passageiros que pernoitam num barco a vapor, então que seja uma sobre os internos de um abrigo público ou, de modo mais geral, uma norma sobre responsabilidade por danos causados a terceiros. Alcançando determinado nível de generalidade, os fatos de um litígio já não serão singulares, e o juiz, ao estabelecer o vínculo analógico com os fatos de um outro litígio, terá fundamentos para decidir de acordo com a lei. É claro que, na medida em que os fatos particulares são ignorados e a descrição se torna mais geral, várias normas, e não apenas uma, tratam mais ou menos do ponto em questão, e o juiz terá que escolher, por meio do raciocínio analógico, qual delas é aplicável mais diretamente.

Por vezes os tribunais referem-se a um litígio como uma "causa sem precedente judicial" (*case of first impression*), querendo dizer com isso que nenhuma causa semelhante foi decidida no passado. Assim como não há uma linha nítida que separe uma causa "em correspondência direta" de causas mais ou menos semelhantes, assim também não há linha nítida entre uma causa sem precedentes e outras causas. Nenhuma causa difere completamente das anteriores; sempre há semelhanças que podem ser ressaltadas ou ignoradas. Se duas causas, examinadas de perto, parecem muito diferentes, de uma perspectiva mais afastada os detalhes se esmaecem e surge a semelhança geral. Considerado como uma causa que envolvia a responsabilidade do operador de barco a vapor pelas perdas causadas a um passageiro que pernoitava, o caso *Adams* não tinha precedentes. Considerado como envolvendo a responsabilidade de pessoas que providenciam acomodações para os viajantes, ele estava, de acordo com o tribunal, se não em correspondência direta com os casos dos hoteleiros, ao menos numa correspondência muito semelhante – análoga – com estes e numa relação muito dessemelhante com o caso do vagão-dormitório. Se não houvesse nenhuma norma especial para os hoteleiros, ou se o tribunal não tivesse sido persuadido pela analogia entre hoteleiros e operadores de barcos a vapor – não dispondo de nenhuma analogia mais estreita –, o tribunal teria considerado os fatos de uma perspectiva ainda mais distante e, presume-se, encontraria uma semelhança de casos na categoria completamente geral de responsabilidade pelas perdas de terceiros. Na medida em que envolveu a escuta secreta (sem invasão física) de uma conversa feita a partir de uma cabine telefônica pública, o caso *Katz* não tinha precedentes. No entanto, a Corte achou que havia uma semelhança significativa com litígios que envolvessem um escritório comercial, o apartamento de um amigo ou um táxi – para não mencionar o caso *Olmstead*, que tratava da questão de modo tão próximo (a despeito de quaisquer diferenças) que a Corte foi obrigada a contrariar-lhe a decisão.

O mesmo acontece com um pequeno número de casos em que o tribunal dá as costas para uma norma que parece ser claramente aplicável e declara a norma contrária. Quaisquer diferenças que possa haver entre os fatos do caso presente e os dos casos anteriores em que a norma existente foi aplicada são consideradas por demais insignificantes para admitir uma diferença no resultado, e o tribunal enuncia uma outra norma, atribuindo uma importância nova e diferente aos mesmos fatos. A decisão da Suprema Corte no caso *Fortnightly* contrariou na prática, se não em tese, a decisão tomada trinta e sete anos antes no caso *Jewell-LaSalle*, segundo a qual a recepção e transmissão de um programa de rádio constituía uma "execução" segundo o significado da Lei de Direitos Autorais. O caso posterior envolvia a televisão e não o rádio; entretanto, a Corte considerou tão semelhantes os fatos desses casos que não teve coragem de declarar que a recepção e a transmissão de um programa de televisão *não* constituíam uma execução, sem aplicar a nova análise também ao rádio. Às vezes, ainda que raramente, um tribunal se ocupa de revisar uma longa série de decisões anteriores que se firmaram como vigentes, reconsiderando assim uma rubrica inteira do direito. Tais casos não apenas contrariam as decisões passadas que tratam precisamente da questão central; o raciocínio expresso na justificação da decisão do tribunal pode irradiar-se com maior plenitude e gerar revisões no direito que afeta casos envolvendo questões bastante diferentes*. A decisão *Katz* foi um marco. Descartando o

---

* A mais conhecida decisão constitucional desse tipo ocorreu no caso *Brown vs. Board of Education of Topeka*, 347 U.S. 483 (1954), em que o tribunal

requisito da invasão, base na qual se apoiara em *Olmstead*, e substituindo-o pela noção de "expectativa legítima de privacidade" – como cerne da Quarta Emenda –, a Suprema Corte pôs em movimento a reconsideração de questões que não se relacionavam diretamente com a escuta clandestina de conversas ao telefone**. Por outro lado, mesmo após terem sido derrogados, alguns resíduos de decisões anteriores podem perdurar, especialmente se elas foram incorporadas à doutrina. Após a decisão *Katz*, a Suprema Corte notou várias vezes que, embora o elemento de invasão já não fosse crucial, a legitimidade da expectativa de privacidade dependeria significativamente das relações da vítima com o local onde ocorre a invasão de privacidade[9].

Seja o seu alcance limitado ou amplo, a decisão contrária aos precedentes não é um curinga que o tribunal pode jogar quando quiser; estipula-se somente que não deve jogar essa carta com muita freqüência. Ao contrário, tal decisão ocorre porque o tribunal conclui que a nor-

---

declarou que a doutrina do "separados mas iguais" do caso *Plessy vs. Ferguson*, 163 U.S. 537 (1896) não tem lugar na educação pública. O caso *Brown* pôs o direito num novo rumo, não apenas no que se refere ao campo da educação pública, mas também à discriminação racial em geral. Exemplo notório de uma decisão desse tipo no marco do *common law* norte-americano é o caso *MacPherson vs. Buick Motor Co.* 111 N.E. 1050 (N.Y., 1916), em que o tribunal estendeu enormemente a responsabilidade do vendedor de uma mercadoria perigosa pelo dano causado a outra pessoa além do comprador. Para uma discussão, entre muitas, sobre o caso *MacPherson*, ver Edward H. Levi, *An Introduction to Legal Reasoning*, pp. 20-5 (1949).

** Por exemplo, no caso *Rakas vs. Illinois*, 439 U.S. 128 (1978), a Suprema Corte reconsiderou a questão da legitimidade – quem pode estar em juízo – para alegar a violação da Quarta Emenda como motivo para a supressão de provas num processo penal. Uma norma que tinha raízes na lógica da invasão de propriedade do caso *Olmstead* foi abandonada e substituída pela norma que postulava como elemento crucial a "expectativa legítima de privacidade".

9. Ver, p. ex., *Rakas vs. Illinois*, 439 U.S. 128, 144 n.12 (1978); *Minnesota vs. Carter*, 525 U.S. 83, 88-91 (1998).

ma que estava previamente em vigor não é coerente com outra norma de aplicação mais geral e que, como ambas parecem aplicáveis aos fatos particulares, a primeira deve ceder lugar à segunda. Com efeito, o tribunal conclui que fatos que se considerava distinguirem um caso daquele tipo determinado e autorizarem uma norma distinta não têm na verdade esse condão e que, portanto, é uma norma mais geral que se aplica aos ditos fatos. Em raras ocasiões um tribunal pode modificar uma norma relativamente limitada simplesmente por ela ter se mostrado inexeqüível ou por ter conseqüências imprevisíveis. O aspecto instrumental de uma decisão como essa é evidente; mas isso não elimina o requisito de que a nova norma não seja incoerente com outras normas que prevaleçam sobre ela*. O direito é, num certo sentido, uma "rede inconsútil", não porque determina de antemão o resultado de cada caso que pode surgir, mas porque quando um caso surge de fato – por incomum que seja – o resultado tem de ser encontrado no interior do direito.

O padrão de raciocínio jurídico descrito acima é apenas isso, um padrão, o qual permite uma considerável variação de detalhes. Advogados e juízes têm estilos retóricos individuais que se refletem nas peças proces-

---

*Ver, p. ex., *California vs. Acevedo*, 500 U.S. 565 (1991), caso em que a Suprema Corte revisou as normas sobre o momento em que oficiais de polícia podem, sem um mandado de busca, examinar uma peça de bagagem ou um recipiente semelhante encontrado num carro. Ao fazer inferências rigorosas a partir de duas linhas distintas de pleitos anteriores, a Corte estabeleceu previamente normas complexas que dependiam do fato de a polícia ter indícios suficientes (*probable cause*) para crer que o item a ser apreendido estava no próprio recipiente ou simplesmente em algum lugar do carro. Concluindo que as normas eram difíceis de aplicar e de se fazer cumprir e pouco acrescentavam à proteção de privacidade, a Corte substituiu-as por uma norma que se aplicava de modo uniforme a ambas as situações. Reconheceu que se estava fazendo a mudança porque as normas anteriores eram confusas, mas afirmou que, a despeito da lógica mais rigorosa, a norma uniforme não era menos compatível com os valores da Quarta Emenda.

suais, nas sustentações orais e nas sentenças e demais decisões judiciais. Alguém que acompanha o funcionamento de um tribunal recursal pode identificar o autor de uma decisão pelo estilo, mesmo que o acórdão seja escrito para refletir também as opiniões de outros membros do tribunal. Postas de lado as diferenças individuais, em geral o padrão de raciocínio muda conforme um litígio avança de um juízo de primeira instância para um tribunal recursal intermediário e daí para o tribunal superior, o qual detém a autoridade judicial final. O juiz de primeira instância, tendo a responsabilidade inicial de determinar os fatos e submeter as questões de direito à apreciação judicial, provavelmente vai situar-se próximo à jurisprudência dos tribunais superiores. Falta-lhe autoridade para contrariar de modo eficaz uma decisão de um tribunal superior, de modo que o órgão judicial de primeira instância raramente vai se basear numa distinção de fato que não encontra eco nos raciocínios de um tribunal superior. Um tribunal recursal, por sua vez, baseando-se, para as questões de fato, nos achados do juízo de primeira instância, exerce de maneira mais independente o juízo sobre o direito e sobre a sua correta aplicação aos fatos. É mais livre para ver além da área do direito que está imediatamente em jogo e para reconsiderar a norma aplicável à luz de normas mais gerais e de normas extraídas de outros contextos. O tribunal superior detém, nesse aspecto, liberdade maior. Ele não está obrigado a considerar suas próprias decisões como indicadoras de uma norma estabelecida e tende a encontrar espaço para uma interpretação que não está claramente assinalada. Mas, no seu todo, a tarefa permanece a mesma: aplicar o direito tal como ele é – por limitada ou ampla que seja a sua concepção – aos fatos concretos do caso, em todas as suas particularidades.

c. A hierarquia das normas

Se voltarmos agora ao modelo do raciocínio jurídico tomado como hierarquia de normas, veremos com mais clareza por que ele é inadequado. Tratando unicamente das normas e da relação delas entre si, e não dispondo de nenhum lugar para o argumento analógico, o modelo carece de meios para decidir um caso concreto. As normas têm um efeito recíproco, mas a simples existência de coerência entre elas é vazia, pois não determina nem autoriza nenhum método para vincular uma ou outra norma aos fatos de um caso. Se um caso se parece muito com outro, no qual se declarou uma norma, a falta de vínculo entre essa norma e os fatos do último caso pode ser ignorada por causa da semelhança. Entretanto, conforme ilustram os casos discutidos no capítulo II, quando se trata de um caso altamente controverso, cada lado alega ser aplicável uma norma diferente; as diversas normas alegadas podem ser coerentes entre si e ter um lugar determinado dentro da hierarquia de normas, mas não determinam por si qual será aplicada. Nesse ponto, as próprias normas são inertes e exigem um argumento analógico que dê fecho ao raciocínio.

Ainda que aqueles que defendem o modelo do direito como uma hierarquia de normas rejeitem veementemente a clássica "teoria mecânica do direito" do século XIX e do começo do século XX*, as duas coisas dão na mesma. Um dos princípios centrais da teoria clássica era que o direito pode ser expresso como um sistema dedutivo formalmente completo. Reconhecia-se que os argumentos analógicos eram necessários; o sistema dedutivo, porém, era preservado com base na suposição de que

---

* Ver pp. 111-3.

o alcance analógico de um conceito jurídico estava predeterminado e de que "o raciocínio analógico feito a partir de casos ou princípios semelhantes propicia um processo automático de descoberta, pelo menos para os doutos no direito"[10]. O erro, ou mesmo o absurdo dessa posição, que era essencial para que o direito continuasse sendo considerado um sistema dedutivo, tornou-se alvo fácil para os realistas jurídicos. O modelo hierárquico não declara peremptoriamente que o raciocínio analógico é todo predeterminado, mas sua insistência nas normas tira essa questão de vista; e, como a teoria clássica, ele é incapaz de explicar como, sem o raciocínio analógico, um caso concreto é decidido.

Se esse modelo é insuficiente como explicação completa do raciocínio jurídico, ele não deve, contudo, ser rejeitado por inteiro. Embora as normas não amparadas pelo raciocínio analógico sejam impotentes, também é verdade que, sem um corpo de normas estável e relativamente coerente, o raciocínio analógico não teria propósito. (O mesmo acontece com o raciocínio analógico prático, que supõe serem estáveis as propriedades causais das coisas comparadas, mesmo que os processos físicos sejam desconhecidos.) Pois, no interior de uma ordem jurídica, o corpo de normas propicia um critério de pertinência que distingue a boa analogia da má*. Se um tribunal se confrontasse com duas normas incompatíveis, derivadas de casos anteriores que se assemelham no mesmo ponto ao caso a ser decidido pelo tribunal, o raciocínio analógico não ajudaria o tribunal a tomar uma decisão, a menos que os casos anteriores tivessem sido

---

10. Morton J. Horwitz, *The Transformation of American Law 1870-1960*, p. 203 (1992) (nota de rodapé omitida).

* Isso não quer dizer que a analogia é deduzida, de qualquer forma, das normas. Ver p. 110-1.

primeiramente distinguidos um do outro, de modo que o tribunal – olhando os fatos apresentados à sua apreciação – pudesse escolher entre eles. Portanto, uma das partes principais do trabalho do direito – levado a cabo não apenas nas decisões judiciais, mas também em atividades secundárias, como a elaboração de compêndios de jurisprudência e a redação de livros de doutrina – é promover o ajuste dos casos à maneira do modelo hierárquico. Embora os juízes raramente empreendam uma "ascensão justificatória"* completa, ainda assim o processo de ajuste e sistematização segue adiante, paulatina e continuamente, consubstanciando-se ocasionalmente num enunciado completo que se aproxima do modelo ideal.

À medida que se decidem casos que lidam com uma área particular do direito, as normas que tratam dos objetos dessa área são elaboradas de modo mais detalhado: algumas distinções são aprovadas e incorporadas às normas e outras, defendidas em juízo, são rejeitadas depois de devidamente apreciadas. A exigência de coerência conduz, com o tempo, à formulação de princípios gerais que explicam as distinções feitas. Poder-se-ia então supor que o raciocínio analógico é essencial à aplicação de um corpo de leis quando este corpo ainda é jovem, e dispensável uma vez que tenha amadurecido e os princípios gerais amplos, a abarcar normas e distinções mais particulares, tenham se articulado. Tem-se levantado a hipótese de que as ciências naturais se desenvolvem dessa maneira e que a substituição do raciocínio analógico por princípios explicativos é a marca de uma ciência madura[11]. Os novos casos seriam decididos pela sim-

---
*Ver p. XVII.
11. Ver W. V. Quine, *Natural Kinds*, em W. V. Quine, *Ontological Relativity and Other Essays*, pp. 114, 135-8 (1969), reimpresso em Hilary Kornblith (org.), *Naturalizing Epistemology*, pp. 57, 72-4 (2ª ed., 1994).

ples relação dos fatos, sem nenhum argumento analógico explícito. De fato, nota-se uma tendência nessa direção. Mas não se trata da eliminação completa do raciocínio analógico, e sim de um uso mais ou menos extenso dele. A infindável variabilidade do cotidiano, aliada ao desenvolvimento de novas tecnologias, às descobertas das ciências naturais e às mudanças nos contextos político e social, apresenta novas questões nunca vistas antes, que pedem novas distinções ou revisões de distinções feitas anteriormente. A racionalização do direito é um processo contínuo, que não atinge jamais a clareza e a estabilidade de um sistema dedutivo. As motivações e as experiências do homem são mutáveis demais para isso.

d. Objeções

Já se notou a variedade de reações acadêmicas ao papel central do argumento analógico no raciocínio jurídico. Variam desde a aprovação por razões políticas instrumentais – moderada pelo reconhecimento de que tais argumentos percam por imperfeição lógica* – até a simples desaprovação, por não abordarem questões instrumentais importantes**; e, o que é mais comum, relegam os argumentos analógicos à categoria de argumentos dedutivos disfarçados, negando-lhes o *status* de forma distinta de raciocínio[†]. Dificilmente alguma dessas reações considera os argumentos analógicos segundo aquilo que eles pretendem ser: argumentos válidos por seus próprios méritos. Apesar disso, advogados e juízes baseiam-se neles rotineiramente e não manifestam dúvidas quan-

---
* P. ex., Levi e Sunstein.
** P. ex., Posner e, aparentemente, Brewer.
† P. ex., Alexander e demais, p. 11n.

to aos seus méritos, ainda que, evidentemente, se empenhem ao máximo em defender os seus próprios argumentos analógicos e questionar os do outro lado.

Os que depreciam o argumento jurídico analógico baseiam-se num fundamento comum bem maior do que se supõe de imediato. Pondo de lado os benefícios políticos colaterais e as deficiências instrumentais, pode-se constatar que eles partilham uma crença em que o que parece um raciocínio por analogia – inferir uma semelhança a partir de outra – deveria ser analisado como se fosse algo diferente: uma inferência dedutiva, precedida talvez por um passo indutivo que molda a norma geral de que depende a inferência. E se não se trata disso, afirmam eles, não se pode de forma alguma qualificá-lo propriamente como um raciocínio, sendo tão provável que esteja certo quanto errado. A dificuldade não está em sermos incapazes de perceber semelhanças entre as coisas, eventos ou circunstâncias: entre o vinho e o suco de mirtilo, ou um hotel e um barco a vapor. Pelo contrário, a dificuldade está justamente em sermos capazes de perceber – e, de fato, percebemos em demasia – tais semelhanças e diferenças. Há inúmeras semelhanças entre uma e outra entidade concreta do mesmo gênero*. E não há nada nas próprias semelhanças que ligue uma semelhança (ou grupo de semelhanças) a outra da maneira que uma analogia requer. Diante disso, em vez de supor que, se o sal remove uma mancha de vinho, provavelmente removerá também uma mancha de suco de mirtilo, poder-se-ia facilmente supor que, sendo ambos vermelhos, você ficará bêbado se tomar muito suco de mir-

---

* Se duas entidades são de tipos inteiramente diferentes – um dia da semana e um porco –, pode ser difícil perceber alguma semelhança entre elas. As metáforas, que revelam semelhanças invulgares, têm poder justamente porque escapam das categorias vulgares.

tilo, ou então que, sendo brancos o sal e o talco em pó, uma pitada deste vai realçar o gosto da sopa. Em vez de raciocinar que, uma vez que um barco a vapor que fornece alojamentos para pernoite é encarregado dos bens de uma pessoa em circunstâncias semelhantes às de um hotel, o seu operador é igualmente responsável pelas perdas da pessoa, poder-se-ia facilmente raciocinar que, uma vez que um barco a vapor e um vagão-dormitório transportam passageiros, o operador de um não deveria ter mais responsabilidade do que o operador do outro. Pode-se passar de uma semelhança à outra apenas se a primeira é pertinente como explicação, ou pelo menos como um indicador da explicação, da última. Desse modo, afirma-se que, para que uma analogia seja bem-sucedida, é preciso haver, em algum lugar – se não explícita, então implicitamente, se não consciente, então inconscientemente –, uma norma que se aplique a ambas as coisas sob comparação e estipule que todos os membros da classe à qual ambas pertencem (assinalada, talvez, pela semelhança observada entre essas coisas) têm a característica adicional posta em dúvida.

Peter Westen afirma claramente essa posição:

> Não se pode jamais declarar que *A* seja juridicamente semelhante a *B* sem, primeiro, formular a norma jurídica pela qual eles se tornam idênticos de modo pertinente. Antes que se tenha identificado a norma jurídica predominante, não há como saber se os atos são juridicamente semelhantes ou dessemelhantes. Após ter-se identificado a norma predominante, as semelhanças e dessemelhanças dos dois atos se seguem por conseqüência lógica: sua semelhança ou dessemelhança (...) é simplesmente uma outra forma de dizer que ambas satisfazem completamente, ou não, os termos da norma predominante.[12]

---

12. Peter Westen, *On "Confusing Ideas": Reply*, 91 Yale L.J., pp. 1.153, 1.163 (1982) (nota de rodapé omitida).

Westen refere-se especificamente à semelhança jurídica, embora a sua questão seja mais geral. Não faz sentido, afirma ele, dizer que uma coisa é abstratamente semelhante a outra se não se identifica um fundamento capaz de indicar – dentre as suas inumeráveis semelhanças e dessemelhanças – qual delas é a que "conta". Se o fornecimento de dormitórios separados é o que conta, então um barco a vapor com cabines para os hóspedes é semelhante a um hotel; se o que conta é o fato de ser um meio de transporte, então um barco a vapor é semelhante a um vagão de trem; e, se expelir vapor é o que conta, então um barco a vapor é semelhante a uma chaleira. Na grande maioria das circunstâncias do cotidiano, a especificação é óbvia ou dada por certa e não precisa ser expressamente enunciada, embora alguma dessas indicações deva estar contida ou insinuada na declaração de que duas coisas são semelhantes, a fim de que se estabeleça a pertinência das semelhanças particulares (e a impertinência das dessemelhanças) em questão. Não é fácil saber se Westen quer descrever o processo mental de uma pessoa que faz tal declaração ou a declaração em si. De qualquer forma, é evidente que a maioria das analogias é feita sem referência expressa a uma norma do tipo que ele indica. Mas não importa o que ele tem em mente. Pois, em geral, tal norma não se encontra nem no efetivo processo do raciocínio analógico nem na reconstrução da analogia.

No caso *Adams*, qual regra jurídica impôs que o operador de um barco a vapor fosse visto como análogo ao hoteleiro, no que diz respeito à responsabilidade pelas perdas de um passageiro? Conforme notou o tribunal, há semelhanças entre eles, em especial a confiança que um hóspede ou passageiro deposita neles e a tentação de fraudá-la. Há também muitas dessemelhanças, incluindo obviamente o fato de que um hotel está em terra e proporciona alojamentos, ao passo que um barco a vapor desloca-se sobre a água e é um meio de transporte. Definitivamente, nenhuma norma classificou tais semelhanças e tais dessemelhanças, e todas as outras, entre as que eram pertinentes e as que não eram, embora alguém com conhecimento em direito pudesse ter previsto que o tribunal decidiria como efetivamente decidiu. Tampouco é possível reconstruir o raciocínio do tribunal como um argumento dedutivo, por meio de uma "norma jurídica predominante" a partir da qual se pode deduzir a responsabilidade de um operador de barco a vapor. Dispondo-se da norma sobre a responsabilidade de um hoteleiro (bem como, é claro, daquela sobre um operador de vagão-dormitório e de um número qualquer de outras normas), como se chega a uma norma sobre a responsabilidade de um operador de barco a vapor? É claro que esse é o trabalho da analogia – um barco a vapor é um "hotel flutuante" –, que não se torna desnecessária pela reformulação do argumento em forma dedutiva*. Tampouco é possível, após a decisão no caso *Adams*, referir-se com segurança a uma norma predominante mais ampla do que a própria decisão sem tomar por base o raciocínio analógico. Pois, em casos subseqüentes, o tribunal poderia julgar cabível alguma semelhança ou dessemelhança ignorada pelo tribunal no caso *Adams* – digamos, por exemplo, que o barco a vapor em questão possuía beliches e não camarotes –, chegan-

---

* A recomendação que Westen faz da "norma jurídica predominante", sem nos dizer como se determina qual é essa norma jurídica, peca por petição de princípio. Se um barco a vapor é (análogo a) um hotel, então uma norma jurídica predomina. Se ele é (análogo a) um vagão-dormitório, então outra norma predomina. E se não é nem um nem outro, há uma terceira norma. A norma predominante não pode simplesmente espelhar *todas* as características do caso particular, o que a privaria do caráter de norma.

do a um resultado diferente: que o barco a vapor se assemelhava menos a um hotel do que a um vagão-dormitório, e portanto que a norma sobre este último é que deveria ser aplicada.

De modo semelhante, no caso *Katz*, ainda que a Corte tenha indicado que o fato de ter ou não havido uma invasão não importava e que a expectativa legítima de privacidade de Katz num orelhão confirmava os seus direitos segundo a Quarta Emenda, como aconteceria num escritório comercial, no apartamento de um amigo ou num táxi, não havia nenhuma norma anterior a *Katz* que impusesse esse resultado, embora esses outros casos pudessem ter levado alguém a especular nessa direção. Tampouco, após a decisão de *Katz*, havia uma norma determinada que fosse mais ampla do que os termos da própria analogia que resultou na decisão. Embora advogados e outros se referissem a uma "expectativa legítima de privacidade" como elemento crucial dos casos envolvendo a Quarta Emenda, isso não era uma norma fixa, mas sim uma generalização especulativa e imprecisa, conforme os casos subseqüentes tornaram claro ao apresentar outras semelhanças e dessemelhanças. Não seria absurdo pensar que um cidadão tem uma expectativa legítima de privacidade e, portanto, um interesse protegido pela Quarta Emenda quando está num automóvel, no apartamento de um amigo ou num pátio cercado por grades altas, ou quando põe um saco de lixo fechado no meio-fio para coleta; na prática, porém, nem todas essas situações foram reconhecidas como protegidas pela Quarta Emenda, não obstante a decisão da Corte no caso *Katz*[13].

---

13. Ver *Rakas vs. Illinois*, 439 U.S. 128 (1978) (automóvel); *Minnesota vs. Carter*, 525 U.S. 83 (1998) (apartamento); *California vs. Ciraolo*, 476 U.S. 207 (1986) (pátio); *California vs. Greenwood*, 486 U.S. 35 (1988) (lixo).

A tentativa de reconstrução do raciocínio analógico como um argumento dedutivo falha também por uma outra razão: é exigente demais. Pelo mesmo raciocínio que exigiria uma norma que tornasse pertinente a semelhança em que se baseia a analogia, também deveria existir uma norma para cada uma das inúmeras semelhanças e dessemelhanças entre as duas coisas sob comparação. Pois, não fosse assim, como saber que, além da semelhança a que se refere a norma, não haveria algum outro aspecto de uma ou de ambas as coisas que não fosse também pertinente ao resultado, o qual conseqüentemente mudaria?* No caso *Adams*, com que fundamento o tribunal pôde concluir que a razão de hoteleiros e operadores de barco a vapor terem uma responsabilidade semelhante tem a ver com a confiança que os hóspedes/passageiros depositam neles e com a tentação da fraude, e não com qualquer outra coisa, como o fato de ambos servirem refeições (o que significaria que um barco que não servisse refeições não teria responsabilidade similar); ou ainda, que não fazia nenhuma diferença o fato de um hotel estar parado, e um barco a vapor não? Estariam essas comparações – e todas as outras que se poderiam fazer entre hotéis e barcos a vapor – incorporadas numa "norma jurídica predominante"? A idéia é contraditória. No entanto, o argumento do tribunal é compreensível e persuasivo (mesmo que não se possa demonstrar

---

* "Se o mundo em que vivemos fosse descrito apenas por um número finito de aspectos, e se estes, juntamente com todos os modos possíveis de combiná-los, fossem por nós conhecidos, então poderíamos antecipar previsões para todas as possibilidades. Poderíamos criar normas cuja aplicação a casos específicos nunca exigiria uma nova escolha. Poder-se-ia conhecer todas as coisas, e para todas as coisas, já que se poderiam conhecer, algo poderia ser previamente feito e especificado por meio de uma norma. Tal seria o mundo adequado para a teoria 'mecânica' do direito."

"Evidentemente, esse mundo não é o nosso mundo..." Hart, *The Concept of Law*, pp. 91n., 128.

dedutivamente que é verdadeiro), porque a analogia, à luz do que sabemos sobre o direito, assim o torna.

Uma vez que todo litígio deve ser decidido de acordo com o direito, é fácil supor que a "regra do caso", de acordo com a qual ele é decidido, já tem de ser parte do direito. Daí são poucos passos para chegar à proposição de que a decisão depende da norma, e à proposição seguinte de que, como diz Westen, uma norma precede e é essencial para a validade de qualquer analogia em que a decisão se baseie. Isso se passa, entretanto, quando encaramos a questão de modo retroativo. Embora estejam disponíveis de antemão os elementos (a lei e sua interpretação, as decisões anteriores e assim por diante) com base nos quais o caso é decidido, a norma do caso não está. A norma do caso é um enunciado generalizado da decisão, e não o predicado em que a decisão se baseia. Sem dúvida, uma vez decidido um caso, sua "norma" passa a fazer parte dos elementos em que as decisões de *casos futuros* se baseiam (e, como tal, é ela própria sujeita a interpretação). Não é a analogia que depende da norma, mas a norma que depende da analogia, a qual é o meio pelo qual os elementos do direito passam a ter relação com os fatos específicos de cada caso*.

---

* "É mérito do *common law* que ele primeiro decida o caso e depois determine o princípio. Examinando as formas da lógica, pode-se inferir que, quando você tem uma premissa menor e uma conclusão, deve haver uma premissa maior, a qual você está também preparado para afirmar aqui e agora. Mas, na realidade, os advogados, assim como os outros homens, freqüentemente vêem o que devem decidir a respeito de determinado estado de coisas, mesmo não sendo muito clara para eles a *ratio decidendi* (...) Somente depois de uma série de determinações atinentes à mesma questão é que se torna necessário 'conciliar os casos', como se diz, isto é, através de uma verdadeira indução, declarar o princípio que foi até então obscuramente 'pressentido'." Oliver W. Holmes, *Codes, and the Arrangement of the Law*, 5 Am. L. Rev., 1, p. 1 (1870), reimpresso em *The Early Writings of O. W. Holmes, Jr.*, 44 Harv. L. Rev., pp. 717, 725 (1931).

Em suma, Westen e outros adeptos da doutrina que toma a analogia como uma fantasmagoria supõem que o problema da pertinência, do qual depende o peso de uma analogia, pode ser eliminado (e com ele a analogia), encerrando-o na enunciação de uma norma geral que se aplica dedutivamente – "como uma conseqüência lógica" – aos fatos à mão. Essa afirmação assemelha-se à crença formalista de que, se as normas de um ordenamento jurídico estão suficientemente bem articuladas, podemos encontrar a decisão correta de um caso por meio de uma inferência dedutiva. Mas não é assim. A elaboração de normas é um aspecto essencial da decisão judicial, e sem ele o raciocínio analógico não teria direção. Essa elaboração não substitui o raciocínio analógico; antes, habilita-o a proceder de acordo com o Estado de Direito.

Outra avaliação crítica dos argumentos jurídicos analógicos ignora a sua forma e assevera que eles são inúteis e freqüentemente mais ruins do que inúteis, exceto quando podem ajudar na elaboração de um argumento indutivo. Diz-se que a procura de semelhanças entre casos afasta a atenção do juiz daquela que seria a sua função própria, a saber: conhecer as conseqüências práticas de sua decisão. Embora essa crítica pareça dirigir-se ao conteúdo dos argumentos analógicos, e não à sua forma, a abrangência dela depende obviamente da pressuposição de que eles são inadequados formalmente, e não de que são apenas mal ponderados nos casos específicos: quer a norma entre em cena, quer não, a semelhança entre fonte e alvo não suporta o peso da conclusão. Portanto, os argumentos analógicos devem ser substituídos por argumentos indutivos fundamentados empiricamente. Assim, observa Posner, com evidente ironia:

> Se [advogados] lidam com um caso que envolve o sistema de direitos de propriedade de um novo recurso na-

tural – o petróleo, por exemplo –, eles examinam casos já decididos que tratam de recursos "semelhantes", como, por exemplo, a água ou os coelhos. Não saem para conversar com engenheiros petroleiros, ecologistas ou economistas de recursos naturais. Tratam o problema como algo *interno* ao direito, como algo que não envolve mais que as relações entre conceitos jurídicos.*

Longe de Posner dizer que essas conversas seriam suficientes por si mesmas; o juiz tem que "esquadrinhar" outros casos e, presume-se, quaisquer outras leis aplicáveis, em busca de cursos de ação apropriados (uma tarefa que – ele parece admitir – envolve o raciocínio por analogia)†. Ainda assim, se nos prendermos às suas palavras, ele propõe que a decisão seja obtida empiricamente, ignorando (pelo menos no que diz respeito ao modo como uma política é implementada) as normas jurídicas existentes. Mas, se o problema é qual curso de ação adotar ou como adotá-lo, o juiz não está livre para decidir uma causa apoiando-se nessa base empírica. Qualquer conversa com engenheiros, ecologistas e até mesmo com economistas passa ao largo da questão, a menos que o que eles tenham a dizer esteja refletido no direito**. O pró-

---

* Richard A. Posner, *Overcoming Law*, 519 (1995). "Não são o hábito e a indolência", pergunta Posner, "os motivos que fazem com que advogados e juízes procurem elementos políticos e éticos do julgamento em decisões prévias, em vez de procurá-los na literatura acadêmica, nos compêndios de estatística e na experiência cotidiana?" Richard A. Posner, *The Problems of Jurisprudence*, p. 94 (1990). Respondendo à sua própria pergunta, diz ele: "Bem, trate-se de algo mais", na medida em que a "visão limitada" que disso resulta contribui para uma "maior estabilidade do direito". *Idem*.
† Posner, *Overcoming Law*, p. 518. No entanto, ele deprecia tal esquadrinhamento: "É melhor entender o direito como uma ciência política – embora possa ser talvez uma ciência primitiva, dada sua curiosa dependência daquelas considerações políticas que podem ser extraídas de sentenças judiciais publicadas..." *Idem*, p. 519.
** A influente teoria de Posner sobre os fundamentos econômicos do direito encara esse problema de modo ambíguo. Muitas vezes não fica claro se

prio Posner, um juiz famoso, não segue o que ele mesmo recomenda; nem poderia fazê-lo, a menos que decidisse desconsiderar por completo a distinção entre a atividade legislativa e a judicial[‡]. Enquanto admitir que uma norma pode ter força como norma – não por estar correta, mas por ser uma norma –, ele tem que aceitar o papel do raciocínio analógico para fazer a mediação entre a norma e os fatos, embora com justiça censure o seu uso casual ou negligente. Os recursos que ele recomenda são úteis não porque possibilitam que um juiz prescinda do raciocínio analógico, mas porque ajudam a verificar se a analogia é adequada.

Num livro recente, Posner indicou que não admite plenamente que uma norma jurídica tenha força por ser uma norma. Em vez disso, ele aprova uma teoria da decisão judicial que chama de "pragmatismo do dia-a-dia", a qual seria "o método de investigação usado pelas pessoas comuns" que "usam o bom senso para resolver problemas"[14]. A descrição de Posner do pragmatismo do dia-a-dia é densa e detalhada, mas seus pontos principais parecem claros[15]. No centro está uma investigação empírica sobre as conseqüências de uma decisão tomada numa ou noutra direção. As conseqüências a ser con-

---

a sua teoria é planejada como uma análise do direito tal como ele é, a qual revela os princípios nele latentes, ou como uma prescrição de como o direito deveria ser. Ver Richard A. Posner, *Economic Analysis of Law* (6.ª ed. 2003). Na primeira hipótese, a teoria descreve o trabalho do juiz; na segunda, é uma prescrição dirigida em primeiro lugar aos legisladores e só secundariamente aos juízes (na medida em que também revela princípios de ação latentes no direito).

‡ Para uma afirmação lúcida dos limites dentro dos quais um juiz trabalha, ver o voto de Posner no caso *Scheiber vs. Dolby Laboratories, Inc.*, 293 F.3d 1014 (7th Cir. 2002).

14. Richard A. Posner, *Law, Pragmatism, and Democracy*, pp. 49, 53, 52 (2003).

15. *Idem*, ver, em geral, pp. 57-96.

sideradas não são apenas aquelas diretas e imediatas que dizem respeito às partes litigantes e a terceiros. As conseqüências estruturais e de longo prazo também têm de ser consideradas, inclusive as conseqüências do próprio modo de chegar à decisão judicial. Posner aprova, portanto, o "Estado de Direito", compreendido como "a devida consideração (não uma consideração exclusiva nem algo que impeça uma possível barganha) pelos valores políticos e sociais de continuidade, coerência, generalidade, imparcialidade e previsibilidade na definição e administração dos direitos e deveres jurídicos"[16]. Freqüentemente, e talvez geralmente, o valor da adesão ao direito tal como ele é (ou tal como ele tem sido, Posner provavelmente diria) terá uma importância maior do que quaisquer más conseqüências. No entanto, são as conseqüências que contam; e se, "consideradas todas as coisas", as melhores conseqüências se seguirem de uma desconsideração do direito, o juiz pragmático deverá desconsiderá-lo[17]. A adesão ao direito porque é o direito, e por nenhuma outra razão, não faz parte de seu dever nem de seu credo.

A posição que Posner assume é tão contrária ao entendimento usual que podemos nos perguntar se ele realmente acredita nela*. E, de fato, pode-se acreditar que se trata mais de uma postura que de uma posição sólida, e que significa menos do que pretende. Pois o cálculo das conseqüências da adesão ao Estado de Direito, a curto e a longo prazo, bem como das conseqüências negativas

---

16. *Idem*, p. 61.
17. *Idem*, pp. 13, 64.

* Poder-se-ia acrescentar, de passagem, que em circunstâncias normais "o método de investigação da pessoa comum" é muito mais parecido com o raciocínio por analogia, que ele deplora, do que com a investigação empírica completamente desenvolvida, que ele recomenda.

da renúncia a ele, oferece pouco espaço para as investigações empíricas que Posner tanto estima; de modo que o resultado desse cálculo está fadado a ser uma mera impressão pessoal e vaga. Assim, pode-se supor que seria muito raro o caso em que a decisão de um juiz pragmático diferisse significativamente da de seu colega mais tradicional. Além disso, a necessidade que este último tem de empregar o raciocínio analógico para trazer o direito à baila, num caso concreto, proporciona algum espaço para a consideração das conseqüências dentro dos limites do modo tradicional de decisão. Quanto mais as conseqüências instarem o pragmático a desconsiderar alguma norma jurídica, mais elas tenderão a demonstrar que não é essa a norma jurídica aplicável.

Pode-se concluir, portanto, que o pragmatismo do dia-a-dia é mais uma teoria e uma postura do que um procedimento de relevância prática. Mas assumir tal postura em apoio a uma teoria abstrata é o que Posner menos aprecia[18]. Ele nega que o pragmatismo se reserve a casos excepcionais "em que circunstâncias verdadeiramente exigentes (...) exerçam uma pressão insuportável"[19], e associa o pragmatismo a uma teoria política que solapa a distinção entre decisão judicial e legislação, distinção esta que torna a norma jurídica um ponto central do processo judicial[20]. Só podemos dizer que a teoria e a prática que Posner esposa representam um afastamento radical daquilo que tanto a teoria do direito quanto o bom senso entendem por decisão judicial.

O procedimento de três etapas, mais elaborado, proposto por Brewer como uma defesa do raciocínio analó-

---
18. Ver, p. ex., Richard A. Posner, *The Problematics of Moral and Legal Theory*, 111 Harv. L. Rev., p. 1638 (1998).
19. Posner, nota 14, p. 82.
20. Ver *idem*, pp. 158-212.

gico no direito, não é, na verdade, uma resposta aos argumentos apresentados contra tal raciocínio, mas uma forma de contorná-los. A analogia em si, nesse procedimento, desempenha apenas um papel epistemológico, servindo de inspiração para uma norma hipotética; não tem nenhuma relação com a decisão de um caso nem com a maneira como esta é justificada. Isso, diz ele, depende da mesma análise instrumental defendida por Posner, bem como do critério da coerência com o restante do direito*. O passo final (dedutivo), que nada mais é do que a aplicação formal de uma norma a fatos para os quais ela foi expressamente criada, conforma-se à caracterização do argumento analógico como um raciocínio dedutivo, proposta pela doutrina da fantasmagoria. Brewer baseia-se nesse último passo para sustentar o Estado de Direito, altamente valorizado por ele. Mas, visto que o Estado de Direito não orienta a investigação instrumental anterior, segue-se que a norma que é finalmente aplicada também não é orientada por ele. O Estado de Direito é preservado na medida em que Brewer inclui a questão da coerência com outras normas do direito entre os critérios que se devem aplicar para obter uma norma; mas essa norma só é preservada por meio do argumento analógico que ele acreditou ter contornado.

Permanece a objeção de que, separado da lógica formal e da investigação empírica, o raciocínio analógico não dispõe de um princípio, sendo incapaz de sustentar uma conclusão substancial. Essa objeção será respondida no próximo capítulo.

---

* Brewer, que está mais preocupado do que Posner com o direito como *sistema* de normas, dá mais ênfase que Posner à questão da coerência com outras normas. Tomando-se ao pé da letra o que Posner diz, ele parece achar que a coerência é pertinente apenas na medida em que, "consideradas todas as coisas", está a serviço da eficiência.

Capítulo IV
Raciocínio analógico, formação jurídica e direito

a. Raciocínio analógico

Como então resolveremos isso? Se a analogia não é argumento dedutivo inibido nem, certamente, argumento indutivo, o que é ela e por que temos – ou devemos ter – confiança na conclusão que dela deriva? Como dar conta da percepção das complexas semelhanças em que um argumento jurídico analógico se apóia: a semelhança entre um barco a vapor e um hotel, na qual o tribunal se baseou no caso *Adams*; entre uma execução "ao vivo" e a recepção e transmissão de um programa de rádio, como no caso *Jewell-LaSalle*; e entre um orelhão e um escritório, o apartamento de um amigo e um táxi, como no caso *Katz*? O que orienta a seleção e a confiança numa semelhança, entre tantas outras que poderiam ser mencionadas e uma multidão de dessemelhanças? As teorias que menosprezam o raciocínio analógico, discutidas nos capítulos anteriores, presumem que a lógica dos argumentos dedutivo e indutivo define os limites dentro dos quais essas questões têm de ser respondidas; e, caso não se encontre aí alguma resposta, concluem eles que não há nenhuma, e que o argumento analógico, desvinculado das demais formas de raciocínio, é muito fraco para suportar as pesadas conseqüências de uma decisão judicial. Contudo, as respostas são encontradas não na razão abstrata, mas diretamente na experiência que temos do mundo.

A capacidade de raciocinar analogicamente é um tema amplo para investigação e análise. Uma discussão completa sobre as questões que esse tema apresenta e sobre os resultados experimentais e teorias explicativas vai além das pretensões deste livro. O que ofereço aqui é uma simples indicação das linhas de investigação que confirmam aquilo que já sabemos: que nos baseamos o tempo todo no raciocínio analógico, geralmente com considerável êxito, tanto na vida quanto no direito. Referências para estudos ulteriores podem ser encontradas na Nota sobre o Raciocínio Analógico, no Apêndice A.

São convincentes as indicações de que a capacidade para raciocinar analogicamente está profundamente arraigada em nós (e, aliás, também nos animais) e se desenvolve inicialmente na mais tenra idade – nos doze primeiros meses[1]. Não se trata de algo fundamentalmente diferente da capacidade, também profundamente arraigada, de reconhecer o geral no particular – o vermelho da maçã, do carro de bombeiro e do nariz de um palhaço –, sem a qual não seríamos capazes de descrever ou de nos referir a qualquer coisa que não estivesse imediatamente presente, tratando-se portanto de uma capacidade implícita em todo aprendizado. A idéia de semelhança *pertinente*, que, no que diz respeito à sua relação com o raciocínio analógico, tem sido muito discutida, emerge não muito tempo depois, tão logo esse reconhecimento se desenvolva para além da mera per-

---

1. Usha Goswami, *Analogical Reasoning in Children*, pp. 13, 99-115 (1992); Keith J. Holyoak & Paul Thagard, *Mental Leaps*, pp. 75-100 (1995). Sobre os animais, ver Holyoak & Thagard, pp. 39-73.

cepção de estímulos semelhantes – a cor vermelha – para incluir a capacidade de classificar as próprias percepções em entidades distintas que persistem com o passar do tempo e permanecem as mesmas, ainda que algumas de suas qualidades mudem – uma maçã vermelha, um carro de bombeiros vermelho, um nariz vermelho de palhaço. Uma criança deixa sua maçã na mesa e vai embora. Depois, quando volta, alguém mordeu um pedaço da maçã, e a criança reclama, porque a *sua maçã* não está mais do jeito que estava. Quando vê um carro de bombeiros, ela sabe o que é porque tem um carro de bombeiros de brinquedo, embora este seja muito menor que aquele. O palhaço tira o seu nariz vermelho e a criança bate palmas (ou chora), porque agora o palhaço diante dela é o mesmo, ainda que diferente. Interagindo diariamente com uma criança bem nova, pode-se observar que a perplexidade da criança diante dessas transformações aos poucos se dissipa. Para o objetivo em questão, o que importa é que, quando a criança identifica *a sua maçã, um carro de bombeiros, o palhaço,* ela não apenas percebe a semelhança entre o que viu antes e o que vê agora, mas também vê retrospectivamente, no que concerne à identificação, as diferenças entre ambos, que podem ser muito substanciais e que poderiam ser decisivamente importantes num outro contexto. À medida que o vocabulário e o entendimento conceitual da criança se expandem, cresce em complexidade a capacidade de distinguir semelhanças pertinentes e impertinentes, de modo que ela pode, sem hesitação e de acordo com o contexto, referir-se a um brinquedo como o seu brinquedo, um caminhão de bombeiros, um caminhão, um presente do seu tio, um cofre-porquinho e assim por diante. Cada uma dessas referências requer que ela selecione de modo diferente as características do mesmo objeto, as que são pertinentes e as que não são. Se você pedir que ela lhe mostre um outro caminhão, outro presente do tio Dani ou outro cofre-porquinho, ela selecionará outros objetos e, para tanto, novamente terá de distinguir as semelhanças e diferenças pertinentes.

Há muitas questões psicológicas e epistemológicas sobre como esse processo é aprendido e aplicado e sobre como se deve entendê-lo, questões que, pode-se acertadamente considerar, tratam da natureza do próprio pensamento. Entretanto, não resta dúvida de que essa capacidade é adquirida muito cedo, não podendo ser assimilada ou reduzida ao raciocínio dedutivo*, pois este depende dela. A não ser que alguém seja capaz de identificar um objeto como membro de uma classe, a despeito de sua diferença em relação a outros mem-

---

* "É certo que não há nada mais básico para o pensamento e para a linguagem do que o nosso sentido de semelhança, o ato de classificar as coisas em tipos. O termo geral comum, seja ele um substantivo, um verbo ou um adjetivo, deve a sua generalidade a alguma semelhança entre as coisas a que se refere. De fato, o aprendizado do uso das palavras depende de uma dupla semelhança: em primeiro lugar, uma semelhança entre as circunstâncias presentes e as circunstâncias passadas nas quais a palavra foi usada; em segundo lugar, uma semelhança fonética entre a elocução atual da palavra e a sua elocução passada. Toda expectativa razoável depende da semelhança entre as circunstâncias, bem como de nossa tendência a esperar que causas semelhantes tenham efeitos semelhantes (...) É difícil imaginar uma noção mais familiar ou mais fundamental do que essa [noção de semelhança], ou uma noção que seja, nas suas aplicações, mais universal do que essa. (...) Ainda assim, estranhamente, há algo aí que é logicamente incoerente. Pois ficamos confusos quando tentamos relacionar significativamente a noção geral de semelhança com termos lógicos." W. V. Quine, *Natural Kinds*, em W. V. Quine, *Ontological Relativity and Other Essays*, pp. 114, 116-7 (1969), reimpresso em Hilary Kornblith (org.), *Naturalizing Epistemology*, pp. 57, 58-9 (2.ª ed. 1994).

"Num certo sentido, um certo critério de semelhança é inato. (...) Além do mais, [em termos de comportamento] pode-se igualmente dizer que outros animais têm também um critério inato de semelhança. Ele faz parte do nosso patrimônio hereditário animal. E, de modo bastante curioso, é caracteristicamente animal na sua falta de *status* intelectual. De qualquer modo, já de início notamos o quão discrepante essa noção se mostra em relação à matemática e à lógica." Quine, p. 123, Kornblith, p. 63.

bros da classe, nenhuma inferência dedutiva é possível. Assim, de acordo com a interpretação de Westen*, o brinquedo que uma criança descreve como um carro de bombeiros deveria ser reconstruído da seguinte maneira: "Qualquer coisa, de qualquer tamanho, que seja vermelha, tenha seis rodas, escadas e uma mangueira em espiral (...) é um carro de bombeiro. Este (brinquedo) é vermelho, tem seis rodas, escadas e uma mangueira em espiral. Portanto, é um carro de bombeiro." À parte a inutilidade dessa reconstrução, que soterraria a linguagem comum numa avalanche dedutiva, o fato é que tal reconstrução não realiza o trabalho exigido pela teoria de Westen; a proposição geral de que depende a dedução é, ela própria, dependente da capacidade de identificar semelhanças pertinentes, compondo uma classe de carros de bombeiros que inclui – para determinados propósitos e não para outros – tanto o carro de verdade quanto o carro de brinquedo**.

É claro que há uma grande diferença entre as semelhanças perceptíveis das coisas, como a cor e a forma, e as semelhanças mais complexas que sinalizam ou explicam o seu funcionamento, das quais dependem algumas analogias como aquelas que Edna e Charlie utilizaram. É evidente que uma maçã e um carro de bombeiros são da

---
* Ver p. 84.
** Refiro-me aqui a semelhanças entre *coisas*: maçãs, carros de bombeiros, um nariz de palhaço e afins. Há também, é claro, semelhanças e diferenças entre ações ou acontecimentos: nadar é mais (ou menos?) parecido com correr do que com andar; uma tempestade é mais (ou menos?) parecida com um incêndio do que com uma inundação; e, entre as qualidades, o vermelho é mais parecido com o laranja do que com o azul; o som do trompete é mais parecido com o da tuba do que com o do violino. Quanto à maneira como se deve descrever e analisar a semelhança e a diferença entre particulares distintos, tal questão está no centro do assim chamado problema dos universais. Para referências mais completas, ver a Nota sobre o Raciocínio Analógico, no Apêndice A.

mesma cor; mas não é evidente que, se pisarmos numa maçã, ela será esmagada e não vai gritar (nem bater as asas, nem...), ou que, se puxarmos a alavanca de um carro de bombeiros de brinquedo, ele tocará a sirene e não explodirá (nem sapateará nem...)†. Estas últimas conclusões pressupõem a consciência não só de como as coisas afetam os sentidos, mas também de como elas atuam sobre outras coisas e como reagem à atuação de outras coisas. Essa consciência só surge no ser humano por volta dos três anos de idade, depois da consciência das semelhanças sensíveis, como cor e forma‡2. Uma vez adquirida a noção geral de causa e efeito, tais informações – quais qualidades das coisas estão associadas com quais efeitos em quais circunstâncias – acumulam-se rapidamente. Depois desse acúmulo, elas tornam-se tão acessíveis para nós quanto as semelhanças sensíveis, sendo comumente a base sobre a qual classificamos as coisas em tipos. Referir-se a algo como uma "faca" requer que se entenda que, se alguma coisa com extremidade cortante é friccionada contra outra coisa – nem todas as coi-

---

† O *locus classicus* desta questão está em David Hume: "Quando dirijo meu olhar para as *qualidades conhecidas* dos objetos, descubro imediatamente que a relação de causa e efeito não depende nem um pouco *delas*." David Hume, *A Treatise of Human Nature*, p. 77 (L. A. Selby-Bigge, org., 1888).

‡ Um sinal comum, demasiado conhecido pelos pais, de que uma criança desenvolve a consciência das relações causais é o fluxo incessante dos "porquês". À medida que entra em cena o conceito de causalidade e são conhecidas as diferenças entre causas, razões e finalidades, o uso dos "porquês" torna-se mais seletivo, e algumas perguntas que antes eram feitas deixam de sê-lo.

Existe uma diferença epistemológica fundamental entre a consciência das simples semelhanças sensíveis e a consciência das regularidades causais? A meu ver, trata-se de uma questão em aberto, embora eu suspeite que tal diferença não exista. Ambas as consciências parecem ser claramente aprendidas, ou talvez devêssemos dizer "adquiridas", a partir da experiência, e certamente nenhuma delas pode ser ensinada como uma abstração – não, pelo menos, até que tenham sido adquiridas a partir de casos concretos.

2. Goswami, nota 1, p. 35. Ver, em geral, *idem*, pp. 35-40.

sas: tomates, sim, pedras, não –, esta última "se parte". Possuindo-se esse entendimento, pode-se identificar uma coisa como uma faca e também entender uma analogia entre uma faca e um outro tipo de coisa – um machado ou um relâmpago – que tenha um efeito semelhante. Parte da informação que se acumula, aquela que está mais próxima de nossos interesses e atividades, vai sendo gradativamente organizada num todo coerente que inclui as relações explicativas estruturais. Muitas dessas informações, como aquilo que Edna sabe sobre manchas de vinho e Charlie sobre motores de carro, simplesmente vão se acumulando – em grande parte ou na maioria das vezes – como lições da experiência, as quais são completadas imperfeitamente com outras informações de acordo com a ocasião. Mesmo nesse estado desordenado, elas estão disponíveis de várias maneiras e são indispensáveis para seguirmos o curso de nossas vidas.

Até muito recentemente, a teoria predominante sobre o desenvolvimento do raciocínio analógico nas crianças considerava que essa capacidade surgia no começo da adolescência[3]. Antes dos onze ou doze anos, as crianças eram consideradas, via de regra, aptas para entender relações simples (gatinho/gato, cachorrinho/cachorro), mas não as relações estruturais de "ordem superior" entre duas relações simples ("gatinho" está para "gato" assim como "cachorrinho" está para "cachorro"), que é o fundamento da analogia[4]. Testes com crianças de várias idades pareceram confirmar essa teoria, que correspondia a uma explicação geral do desenvolvimento da criança que descrevia os estágios de capacidade cognitiva[5]. Trabalhos mais recentes indicam que as crianças racioci-

---
3. Goswami, nota 1, pp. 3-4, 17-9.
4. *Idem*, pp. 6-9.
5. *Idem*, p. 19.

nam analogicamente muito antes do que se pensava, o que sustenta uma explicação diferente sobre a incapacidade de uma criança para compreender uma analogia: o que falta à criança não é a capacidade de raciocinar analogicamente enquanto tal, mas sim o conhecimento de que depende a analogia[6]. Enquanto uma criança não aprender que um gatinho é um gato novo e um cachorrinho, um cachorro novo, ela não entenderá uma analogia, que, por sua vez, depende do fato de que um gatinho e um cachorrinho são versões mais novas de um gato e de um cachorro. Ela provavelmente entende uma analogia que a compara com um gatinho antes de entender por que seu pai a chama de "Girino", embora a semelhança pertinente em ambos os casos seja a mesma. Além do mais, as estruturas coerentes do conhecimento, em que peças de informação são encaixadas e integralmente relacionadas num sistema conceitual, prestam-se mais ao raciocínio analógico do que fragmentos diferenciados de informação[7]. Uma criança mostra-se mais habilitada a identificar a semelhança pertinente que associa analogicamente um gatinho, um cachorrinho, um girino e uma lagarta se ela tem um entendimento geral sobre o desenvolvimento dos seres vivos. De acordo com essa explicação "baseada no conhecimento", cujas provas são convincentes, o raciocínio analógico não envolve uma faculdade cognitiva distinta dos processos ordinários de raciocínio. Não é a capacidade cognitiva como tal a chave do raciocínio analógico, mas apenas a experiência e o conhecimento que a acompanham. Uma vez assimilada e entendida a experiência necessária, segue-se a capacidade para usá-la analogicamente. Tal capacidade é um subproduto desse mesmo entendimento.

---

6. Ver *idem*, pp. 35-98.
7. Goswami, nota 1, p. 14. Ver *idem*, pp. 93-7.

Os conceitos (dotados de carga normativa) que permeiam o direito, tais como responsabilidade, curatela, fraude e afins, estão ainda mais distantes das semelhanças sensíveis do que os conceitos explicativos de causa e efeito. Entretanto, nada indica que a capacidade para raciocinar analogicamente seja diferente ou opere de modo diferente nesse contexto. Até que uma criança tenha algum entendimento conceitual de o que é um imperativo moral, ela não ficará muito impressionada caso lhe perguntem: "Como você se sentiria se alguém lhe fizesse isso?" Propondo tal questão a seu filho, o pai e a mãe podem ficar confusos e frustrados pela resposta: "Eu não vou deixar ninguém fazer isso comigo." Assim que o entendimento da criança se expande a ponto de incluir as relações normativas, o uso analógico destas logo se manifesta, como mostra este diálogo familiar: "Você não deve bater na sua irmã" / "Ela bateu em mim primeiro".

As descobertas experimentais da psicologia cognitiva e da psicologia do desenvolvimento, bem como os padrões comuns do pensamento que todos reconhecemos, não dão apoio algum à teoria segundo a qual a noção crucial de semelhança pertinente é inexplicável ou misteriosa ou atribuída a uma "intuição" inefável e obscura. A idéia de pertinência tem, no contexto jurídico, o mesmo significado que em outros. Mesmo sem ter nenhuma norma ou princípio geral à disposição, freqüentemente conseguimos dizer com razoável segurança o que parece pertinente, porque já tivemos experiências mais ou menos semelhantes e somos capazes de evocá-las na mente, e porque dispomos de um sentido geral, adquirido também a partir da experiência, de como as coisas funcionam, isto é, daquilo que foi responsável pela experiência passada e que terá provavelmente o mesmo efeito em circunstâncias semelhantes*. Às vezes a experiência nos trai. Quem teria pensado que o mofo que se forma no pão e em outros alimentos seria a fonte de um remédio importantíssimo?[8] Mas, no geral, a nossa experiência é regular e ordenada e nos serve de maneira satisfatória. Se não fosse assim – se, ao pisar numa maçã, fosse tão provável fazê-la chorar ou bater as asas quanto esmagá-la, e assim por diante –, teríamos mais coisas com que nos preocupar do que com a maneira de fazer uma boa analogia. A mesma condição de entendimento aplica-se ao direito. Não há norma alguma que declare que os hotéis e os barcos a vapor, ou os administradores de hotéis e os operadores de barcos a vapor, são semelhantes – e, em muitos sentidos, eles não são – ou que todas as situações nas quais uma pessoa confia em outra e esta última encontra-se sujeita à tentação devem ser tratadas igualmente – e, em muitos sentidos, elas não devem ser. No entanto, todo aquele que tem familiaridade com a noção de responsabilidade civil extracontratual suporia prontamente que a norma que trata da responsabilidade dos hoteleiros tem relação com a questão da responsabilidade de um operador de barco a vapor – não por ter na mente uma norma que se aplica a ambos, mas porque o seu conhecimento do direito lhe diz que as semelhanças entre eles referem-se a fatores que comumente se relacionam com a responsabilidade. Do mesmo modo, se seu conhecimento for ainda maior, ocorrer-lhe-á que há

---

* Dizer que somos capazes de traçar uma analogia entre uma fonte e um alvo sem conhecer uma norma ou princípio geral que responda por isso não quer dizer, evidentemente, que tal princípio não existe. A previsibilidade da experiência depende da estabilidade das relações causais; é tarefa da ciência captar e expressar essa estabilidade em princípios explicativos.
8. Ver Margareth Goldsmith, *The Road to Penicillin*, pp. 150-6 (1946).

uma outra norma (sobre o operador de vagão-dormitório) que pode também ser pertinente e aponta numa outra direção. Um conhecimento mais geral sobre a responsabilidade civil extracontratual e um entendimento geral ainda maior sobre como o direito aborda questões de relações comerciais, de responsabilidade pessoal e interpessoal, podem lhe indicar ainda outras normas pertinentes, ajudando na avaliação da pertinência relativa de uma ou de outra norma. (É dessa maneira que se mantém o "ordenamento vertical e horizontal" de princípios justificativos, sobre os quais Ronald Dworkin escreveu*.) Da mesma maneira, tal pessoa desconsiderará de pronto a maioria dos detalhes concretos da situação, tais como o cardápio do jantar e a roupa que Adams vestiu para dormir, tomando-os como detalhes que não têm relação alguma com a responsabilidade do réu – e a pessoa fará isso não porque conhece e é capaz de recitar prontamente um turbilhão de normas, mas porque a sua experiência acumulada no direito lhe diz que esses fatos provavelmente não vêm ao caso.

Depois da decisão de *Olmstead*, em 1928, seria óbvio, para quem estudasse o litígio, que uma invasão de privacidade que não envolvesse uma intrusão física provavelmente não teria violado a Quarta Emenda, ainda que as circunstâncias específicas fossem muito diferentes. Isso, porém, não era previsto em nenhuma norma geral; a pessoa teria de recorrer a seu conhecimento genérico da Quarta Emenda e, num sentido mais amplo, das normas que regem a invasão de domicílio, segundo o direito de propriedade, para ter certeza de que outras intrusões não-invasivas, semelhantes à escuta clandestina, também não constituíam violações dessa Emenda. Quaren-

---
* Ver p. XVII.

ta anos mais tarde, quando o caso *Katz* foi decidido, não havia nenhuma norma que tornasse a ausência de invasão um fato impertinente. Mas quem tivesse seguido a evolução dos processos, desde o caso *Olmstead*, estaria consciente de que o requisito de invasão estava sendo questionado; e, se tivesse uma consciência muito mais geral da extensão recente dos direitos constitucionais de um réu em outros aspectos, poderia muito bem ter afirmado que o elemento de invasão já não era tão pertinente quanto a expectativa razoável de privacidade que uma pessoa tem nessas circunstâncias. Por essa razão, a defesa do governo no caso *Katz* afirmou que não poderia haver violação da Quarta Emenda na ausência de invasão – mas, como tinha plena ciência de que a norma do caso *Olmstead* era vulnerável, sustentou também, com base em outros fundamentos, que a escuta clandestina das conversas telefônicas de Katz não tinha violado seus direitos protegidos pela Quarta Emenda, mesmo que o requisito de invasão fosse eliminado*.

Embora a necessidade de raciocinar analogicamente seja comum a todos os sistemas jurídicos que endossam o Estado de Direito, não teria cabimento esperar que as analogias usadas fossem as mesmas em todos os lugares, mesmo quando as questões jurídicas de que tratam sejam similares. O raciocínio – analógico ou não – de um tribunal britânico é mais compreensível para um advogado norte-americano do que o raciocínio de um tribunal francês, por causa da herança jurídica comum aos ingleses e norte-americanos, não obstante as divergências entre os dois sistemas, bem como todas as diferenças gerais da vida britânica e norte-americana, pudessem, em tese, prejudicar essa compreensão. Deixando de lado tais comparações,

---

*Ver p. 36n.

nossa capacidade de viver sujeitos ao direito depende da razoável previsibilidade deste. Nesse sentido, a coerência e a estabilidade de uma ordem jurídica são análogas à regularidade da natureza. A analogia não é perfeita, uma vez que nosso conhecimento da ordem natural depende da premissa principal de que as regularidades dessa ordem fazem parte de uma realidade objetiva que está lá para ser descoberta. Por outro lado, as regularidades da ordem jurídica são o produto de um projeto humano e têm de ser construídas. No entanto, numa ordem jurídica contínua, tais regularidades nos habilitam a sujeitar as analogias no direito a demandas ordinárias de uma razoabilidade substantiva, em face do que conhecemos.

Em suma, a justificação da analogia da qual depende o argumento jurídico analógico encontra-se em seu contexto jurídico ou, de maneira mais simples, no próprio direito. Aqueles que afirmam que os únicos fundamentos válidos de um argumento jurídico são a dedução e a indução supõem que os advogados e juízes elaboram seus argumentos no vácuo, como se, para preferir uma analogia a outra, advogados e juízes se comportassem como o marciano a quem se pede que explique por que o gramado está molhado*. Mas isso é tão falso no direito quanto nos assuntos cotidianos. Se Edna, baseando-se no fato de que o sal e o talco em pó são brancos, tivesse sugerido a Mary que acrescentasse na sopa uma pitada de talco em pó, Mary teria tido boas razões para preferir sua receita habitual, embora provavelmente não saiba nada sobre as propriedades do cloreto de sódio – o sal – ou do silicato de magnésio hidratado – o talco. Como Hume observou, até onde se pode dizer pelas aparências, o talco em pó é tão adequado para realçar o sabor

---

* Ver p. 3.

da sopa quanto o sal. Uma criança que faz uma sopa de mentirinha poderia perfeitamente usar um pouco de talco em pó. Mary, porém, não é tão ingênua; a experiência e os conhecimentos que ela acumulou lhe dizem que o lugar do talco em pó é o armário de remédios e não a prateleira de temperos. Algumas analogias *são* melhores do que outras, não apenas porque apelam à nossa imaginação ou sensibilidade individual, mas porque correspondem com mais precisão à nossa experiência e ao nosso entendimento. O mesmo ocorre com o direito. Se o advogado de Adams tivesse argumentado que o operador do barco a vapor tinha responsabilidade pelas perdas de Adams porque o barco a vapor oferecia entretenimento musical após o jantar, como acontece em muitos hotéis, ou se o advogado do operador do barco a vapor tivesse argumentado que não havia responsabilidade porque Adams tinha dormido nu, o juiz com razão poderia ter ficado bastante perplexo, uma vez que nada na responsabilidade civil, ou em qualquer outro ramo do direito, corroboraria a idéia de que um concerto num navio ou de alguém estar ou não vestido à noite tivesse alguma coisa a ver com a responsabilidade por uma perda por furto. Por outro lado, a relação entre as partes, mais especificamente a confiança de um hóspede ou passageiro na honestidade de um hoteleiro ou operador de barco a vapor, e a tentação destes últimos de trair essa confiança são exatamente o tipo de consideração que a responsabilidade civil e o contexto jurídico mais geral indicaram como pertinentes.

A experiência e o conhecimento jurídicos que advogados e juízes aplicam aos fatos de um litígio lhes dizem, tal como o conhecimento e a experiência de Mary lhe disseram, que algumas semelhanças têm relação com o problema, e outras, não. A capacidade de fazer tal distinção não é mais misteriosa num caso que no outro. Embora uma analogia jurídica não possa ser posta à prova da mesma maneira que uma analogia prática, ela está sempre sujeita ao critério de consistência e coerência com normas jurídicas que, juntas, indicam a pertinência de fatos particulares para a matéria em questão, embora não façam, nem individual nem coletivamente, uma prescrição conclusiva para a situação específica*. Se as normas diretamente pertinentes mostram-se mudas ou inadequadas para resolver a questão, há ainda o recurso a outras normas mais remotas, seja qual for a luz que elas possam lançar. Num caso difícil, é possível que haja uma escolha decisiva entre duas alternativas – hotéis ou vagões-dormitório – que nenhuma norma sozinha, ou combinada com outras, resolve completamente. A discordância que restar, depois de um litígio já ter sido cabalmente apreciado, não será exclusiva ao direito nem será uma falha. Será, isto sim, a concomitância inevitável do esforço para encaixar em normas gerais a multiforme experiência humana.

b. O método casuístico

Christopher Columbus Langdell, recém-nomeado professor e reitor da Faculdade de Direito de Harvard**,

---

* São esses testes de consistência e coerência que dão credibilidade à afirmação de que o raciocínio analógico é uma forma de raciocínio dedutivo.

** Charles William Eliot, presidente da Universidade de Harvard em 1869, nomeou Langdell para o cargo de professor-titular da Cátedra Dane de Direito em 6 de janeiro de 1870. Charles Warren, *History of the Harvard Law School and of Early Legal Conditions in America*, pp. 354, 359 (1908). Langdell deu suas primeiras conferências, sobre "Títulos Negociáveis e Sociedades", durante a primavera. *Idem*, p. 363. No dia 27 de setembro de 1870, a Faculdade de Direi-

introduziu o método casuístico de formação jurídica na sua primeira aula sobre contratos, em 1870[9]. Langdell tinha dois objetivos. O primeiro era estabelecer o direito como uma ciência a partir da aplicação de um método científico de análise aos casos relatados, os quais ele via como matéria-prima comparável aos dados experimentais das ciências físicas. O segundo, reestruturar a formação jurídica. A pedagogia também aplicaria métodos científicos; como que num laboratório, os estudantes extrairiam doutrinas jurídicas dos próprios casos, em vez de recebê-las das conferências e tratados. O primeiro sonho de Langdell, de fundar o direito sobre bases científicas, jamais se concretizou (embora ele nunca o tenha abandonado)[10]. Tornou-se motivo de chacota, satirizado como uma "teoria mecânica do direito", e foi o alvo principal dos realistas jurídicos no começo do século XX[11]. Hoje em dia, ninguém mais o apóia. Já o triunfo da pedagogia de Langdell foi absoluto. Em parte por ter adotado e patrocinado o "método casuístico" (*case method*) de instrução, a Faculdade de Direito de Harvard tornou-se, sob a direção de Langdell, a principal faculdade de direi-

---

to celebrou sua primeira reunião formal e elegeu Langdell como primeiro reitor da Faculdade de Direito, *idem*, pp. 370-1, evidentemente porque ninguém mais na faculdade estava interessado no cargo. Charles W. Eliot, *Langdell and the Law School*, 33 Harv. L. Rev., pp. 518, 519 (1920).Ver William P. LaPiana, *Logic and Experience*, pp. 11-4 (1994). Eliot tornou-se um defensor fervoroso do método casuístico e teve muita influência no estabelecimento desse método em Harvard e em outros lugares. Anthony Chase, *The Birth of the Modern Law School*, 23 Am. J. Legal Hist., p. 329 (1979).
    9. A aula é descrita em detalhes em Samuel F. Batchelder, *Christopher C. Langdell*, 18 Green Bag, p. 437 (1906), que também oferece informação sobre a juventude de Langdell, sua formação e sua carreira profissional antes de tornar-se professor.
    10. Para um estudo perspicaz da teoria do direito de Langdell, ver Thomas C. Grey, *Langdell's Orthodoxy*, 45 U. Pitt. L. Rev., p. 1 (1983).
    11.Ver, p. ex., Jerome Frank, *Law and the Modern Mind*, pp. 127-58 (1970); Roscoe Pound, *Mechanical Jurisprudence*, 8 Colum. L. Rev., p. 605 (1908).

to dos Estados Unidos[12]. Mais de cem anos depois, esse método casuístico permanece como a forma convencional da instrução em direito. Embora os textos que os estudantes lêem hoje contenham muito mais do que simples casos (principalmente as decisões de tribunais superiores), os quais eram o material exclusivo dos cursos de Langdell, eles ainda são conhecidos como "compêndios de jurisprudência" e ainda são compostos principalmente de resumos de casos. Estranhamente, as razões para o fracasso do primeiro objetivo de Langdell e para o sucesso do segundo estão intimamente relacionadas.

A idéia de que o direito poderia ser estudado cientificamente não se originou com Langdell; a referência à ciência podia significar apenas que, de um modo ou de outro, o direito constitui um corpo de conhecimentos composto de princípios verdadeiros que podem ser estudados e aprendidos. A doutrina jurídica, assim se supunha, perfaz um sistema coerente e logicamente ordenado que proporciona um resultado correto para cada questão. Segundo uma visão corrente na primeira metade do século XIX, no ápice do sistema estão os princípios transcendentais da justiça e da razão naturais, a partir dos quais a doutrina é deduzida. Portanto, embora as decisões dos casos concretos dêem testemunho do que seja o direito, não se deve confiar inteiramente nelas, uma vez que os juízes erram e os casos podem conflitar entre si. O cientista jurídico se esforça para discernir os primeiros princípios e trabalhar a partir deles*. A noção de ciên-

---

12. Robert Stevens, *Two Cheers for 1870: The American Law School*, em Donald Fleming and Bernard Bailyn (org.), *Law in American History* (5 Perspectives in American History), pp. 403, 426-7 (1971).

* *Idem*, pp. 29-38. Assim, por exemplo, na Introdução de sua Epítome – famosa síntese do direito norte-americano e livro didático padrão –, Nathan Dane observou: "Ao tratar-se de um assunto ou de um litígio importante, ana-

cia jurídica de Langdell era muito diferente. As doutrinas do direito, segundo ele, não se originam de princípios transcendentais, mas se encontram exclusivamente nos casos. Exercido de maneira científica, o estudo dos casos produz, segundo Langdell, um pequeno número de princípios fundamentais dos quais decorrem os resultados dos casos concretos[13]. Permanece obscura, porém, a questão de como as decisões de casos concretos podem ser deduzidas de uma hierarquia de princípios e, ao mesmo tempo, fornecer a matéria-prima a partir da qual os princípios são indutivamente derivados[14].

Há várias razões para rejeitar uma concepção tão doutrinária (para não dizer mecânica) da função judicial e, não menos, a sua tendência de tratar o conteúdo prescritivo do direito e os enunciados descritivos da ciência como equivalentes. De um ponto de vista estritamente formal – pondo de lado a circularidade de considerar o direito como ciência indutiva e ao mesmo tempo como um sistema dedutivo hermeticamente fechado –, o que a concepção de direito de Langdell omitiu foram os meios para preencher a lacuna entre os fatos e o direito ou entre o direito e os fatos. Ela não continha nenhum método de raciocínio "de baixo para cima", isto é, que partis-

---

lisando-o em suas partes, mostrou-se útil, se não necessário, fazer, em alguns casos, certas anotações, comentários ou notas a fim de explicar, não apenas para o benefício daqueles que mais necessitam de explicação, mas à guisa de advertência, para que determinadas decisões judiciais não sejam tomadas como autoridades nos casos em que não se admite como autoridade o princípio remoto a partir do qual elas foram elaboradas." 1 Nathan Dane, *A General Abridgment and Digest of American Law*, p. vii (1823).
13. William P. LaPiana, *Logic and Experience*, pp. 55-70 (1994). As origens da metodologia de Langdell, especialmente seu pressuposto de que a ciência jurídica é um sistema dedutivo afim à matemática, são reconstituídas em M. H. Hoeflich, *Law & Geometry: Legal Science from Leibniz to Langdell*, 30 Am. J. Legal Hist., p. 95 (1986).
14. Ver Grey, nota 8, pp. 20-7.

se da decisão de um litígio e chegasse a uma norma mais ampla que os fatos do próprio litígio; e nem um método "de cima para baixo", isto é, que partisse de uma norma e chegasse a fatos aos quais a norma, segundo sua letra, aparentemente não se aplica. Além disso, nada havia na ciência jurídica de Langdell que correspondesse aos resultados experimentais a partir dos quais as regularidades descritivas da ciência natural são corrigidas e confirmadas. No interior dessa lacuna é que os realistas jurídicos e, mais recentemente, os adeptos dos estudos jurídicos críticos, demonstraram desdenhosamente que uma norma jurídica, isolada de seu contexto, poderia produzir conclusões rigorosamente opostas entre si[15].

Em aula, entretanto, sob a direção de um especialista em direito, o método casuístico provou ser uma excelente técnica pedagógica para exercitar a capacidade dos estudantes de raciocinar por analogia, ao mesmo tempo que os leva a adquir os conhecimentos jurídicos que animam essa capacidade. Em sala de aula, a discussão completa de um litígio ou "caso"normalmente inicia-se

---

15. Ver, p. ex., a famosa justaposição, feita por Karl Llewellyn, dos cânones opostos da interpretação das leis, em Karl N. Llewellyn, *Remarks on the Theory of Appellate Decision and the Rules or Canons About How Statutes Are To Be Construed*, 3 Vand. L. Rev., p. 395 (1950). A mais completa (e nada desfavorável) tese de Llewellyn sobre a decisão judicial nos tribunais recursais apresenta-se em Karl N. Llewellyn, *The Common Law Tradition* (1960). Ver também Clare Dalton, *An Essay in the Deconstruction of Contract Doctrine*, 94 Yale L.J., p. 997 (1985). Para uma história do realismo jurídico nos Estados Unidos, ver Morton J. Horwitz, *The Transformation of American Law 1870-1960*, pp. 169-246 (1992). Uma descrição arguta do movimento realista jurídico encontra-se em Lon L. Fuller, *American Legal Realism*, 82 U. Pa. L. Rev., p. 429 (1934). Uma coletânea de artigos dos realistas jurídicos encontra-se em William W. Fisher III, Morton J. Horwitz & Thomas A. Reed (orgs.), *American Legal Realism* (1993). Sobre os estudos jurídicos críticos, ver Roberto Mangabeira Unger, *The Critical Legal Studies Movement* (1986). Para uma bibliografia, ver Duncan Kennedy & Karl E. Klare, *A Bibliography of Critical Legal Studies*, 94 Yale L. J., p. 461 (1984).

– como Langdell iniciou sua aula sobre contratos em 1870[16] – solicitando-se que um aluno "apresente os fatos". A razão para tanto não é simplesmente a de espelhar a estrutura usual dos argumentos de um advogado ou da decisão de um órgão judicial. Pelo contrário, solicita-se tal apresentação porque o que se deve depreender da decisão é, antes de tudo, o direito que se aplica especificamente aos fatos em pauta. Depois disso, a seqüência de questões varia conforme o estilo do professor, mas o curso da discussão normalmente segue um padrão convencional. Indaga-se aos estudantes quais foram os argumentos de cada um dos lados que o tribunal considerou na sua decisão, e como os considerou; se há outros argumentos persuasivos que o tribunal não considerou; quais são o resultado do litígio e a fundamentação da decisão – a norma jurídica que determinou o resultado – e, por fim, se o raciocínio do órgão judicial e suas implicações são adequados. Ao se discutirem os argumentos e o resultado, espera-se que os estudantes relacionem os fatos do caso às normas jurídicas aplicáveis, já encontradas por eles em outros casos, e que considerem se o resultado é coerente com essas normas*. Do mesmo modo, a fundamentação da decisão judicial será posta à prova comparando-a com as decisões de outros casos mais ou menos semelhantes. Às vezes, a própria questão de qual é a fundamentação serve de tópico de discussão: restrita ao máximo, a fundamentação se aplicará apenas aos próprios fatos do caso; formulada de

---

16. Batchelder, nota 9, p. 440.

* Esta descrição se aplica em plenitude aos temas do *common law* que normalmente fazem parte do currículo do primeiro ano, tais como ilícitos civis, direito dos contratos e direitos reais. Nos cursos que dependem, em sua maior parte, do direito legislado, as normas aplicáveis serão derivadas de uma lei (tal como foi interpretada em casos anteriores).

modo mais amplo, se aplicará a outras situações em que os fatos podem ser consideravelmente diferentes. Durante toda essa discussão, a compreensão que os estudantes têm do direito deve ser adequadamente posta à prova a partir de questões que exijam a aplicação da suposta fundamentação e das normas correlatas a uma série de situações hipotéticas cujos fatos são variações dos fatos reais e que, partindo de uma variação pequena, progridem rumo a variações cada vez maiores, ou que partem de uma variação muito grande rumo a outras cada vez menores, até chegar a uma situação que mal se possa distinguir dos fatos concretos do primeiro litígio. (É por isso que essa discussão costuma ser uma "bola-de-neve".) Assim, na discussão sempre se retoma a questão de a decisão judicial do caso aplicar-se ou não a determinados fatos específicos. Tal questão é analisada dialeticamente, mediante a variação gradativa de um ou de outro fato e a enunciação cada vez mais precisa da fundamentação da decisão*. A discussão em classe espelha, assim, o trabalho do advogado e do juiz no decorrer de um processo. Trata-se de um exercício contínuo do raciocínio analógico (bem como, é claro, de muitas outras coisas): à correta enunciação do direito segue-se a progressiva in-

---

* Para o assombro de alguns estudantes durante suas primeiras semanas na faculdade de direito (e algumas vezes por muito mais tempo), é comum que a discussão mal chegue a considerar de que modo a decisão do caso afetou as partes, se ela foi justa ou se serviria ao interesse público caso fosse aplicada de maneira generalizada. Pois o professor pode, temporariamente (ou às vezes permanentemente, se for adepto de determinada linha teórica), excluir tais questões, insistindo no fato de que a questão posta para a classe consiste no que o direito *é*, e não no que *deveria* ser. Na minha opinião, embora muitas vezes seja importante fazer a distinção entre essas duas questões, a segunda é tão importante quanto a primeira. Não apenas a avaliação moral do direito é importante por si mesma, mas também, pelo fato de tal avaliação fazer parte do contexto que determina a pertinência de uma ou outra analogia, ela tem ligação muito concreta com o que o direito é.

clusão, ou exclusão, de fatos variáveis, que se inscrevem ou não em sua área de aplicação.

Logo no começo da formação jurídica, esse método de instrução apresenta-se, para muitos estudantes, como um notável desperdício: se o professor conhece o direito, por que não o declara de uma vez aos estudantes, permitindo-lhes aprendê-lo, em vez de se valer de rodeios que, muito provavelmente, acabarão deixando-os no escuro? Não são raras as ocasiões em que, após as primeiras semanas, os estudantes sentem-se aturdidos. E, se expressarem seu aturdimento ao professor, provavelmente ele responderá: "Não se preocupe. No fim, tudo vai se encaixar." E geralmente, ao fim do semestre, é isso que acontece. Aprender o direito significa mais do que memorizar as normas que foram estabelecidas em litígios passados. Significa também entender como as normas seriam aplicadas a outros litígios com fatos diferentes. Embora Langdell não o tenha entendido dessa forma, a excelência do método casuístico está em formar os estudantes para entender a doutrina jurídica em uso – não apenas a "letra da norma", mas também os detalhes específicos que, numa situação nova, podem fazer com que a norma seja aplicada e determinar o modo como ela é aplicada. O tempo empregado no estudo do caso *Adams* tem um valor que ultrapassa a norma segundo a qual os operadores de barco a vapor, naquelas circunstâncias particulares, têm responsabilidade objetiva pelas perdas dos hóspedes. Um estudante que preza tanto o raciocínio quanto o resultado conseguirá extrair um conhecimento mais geral sobre quais são as condições que afetam a responsabilidade de uma pessoa pelas perdas de outra, aquisição essa que, junto com as lições de outros casos mais ou menos semelhantes, pode ser aplicada não apenas a um caso subseqüente relacionado à responsabilidade de um operador de barco a vapor em circunstâncias um tanto diferentes, mas também a casos relacionados à responsabilidade de um piloto de avião ou de um motorista de táxi ou até mesmo, mais remotamente, ao caso de alguém que dá maus conselhos sobre como remover manchas de uma toalha de mesa. Os fatos de todos esses casos servirão de fundamento para que se afirme ou negue que a norma ou o raciocínio do caso *Adams* deve ser aplicada. A discussão em classe, bem como na prática posterior, procede por raciocínio analógico. É isso o que significa "pensar como um advogado".

c. O Estado de Direito

O papel amplo e corriqueiro que o raciocínio analógico desempenha nas questões da vida cotidiana chama a atenção para o problema da resistência teórica ao reconhecimento do seu papel no direito – ainda mais porque o argumento "por analogia" é amplamente reconhecido como uma marca distintiva do raciocínio jurídico. O persistente esforço dos estudiosos do direito para rebaixar o raciocínio analógico (exceto, talvez, na qualidade de um estratagema útil), se não, com efeito, para rejeitá-lo inteiramente, é simplesmente ignorado pelos advogados e juízes que o empregam com regularidade. Pelo que se vê, são os advogados e juízes que levam a melhor. Por que deveria a nossa incapacidade para demonstrar a validade de um argumento analógico como se fosse uma demonstração apodíctica, ou para verificá-lo na experiência, ser tomada, no direito, como um obstáculo maior do que nas questões corriqueiras? Os estudiosos e os estudantes de direito, não menos que os advogados e os juízes, debatem os méritos dos argumentos jurídicos e geralmente encontram um ponto de concordância. Em vista da amplitude e variedade de temas e das conseqüências para as partes, não surpreende que haja casos próximos e discordância quanto aos resultados. Se a certeza não é alcançável, contudo, uma razoável convicção geralmente é. Há bastantes critérios – partilhados por todos – para que se avalie um argumento que depende significativamente do uso da analogia, e é evidente que a capacidade para elaborar tais argumentos tem efetivamente muito a ver com a competência profissional no direito.

Nenhuma idéia isolada contribui mais para o respeito que os norte-americanos têm pelo seu governo e sistema jurídico do que a de que estão submetidos ao Estado de Direito: o governo norte-americano é um"governo das leis, não dos homens"*. Mas, quanto ao significado exato de Estado de Direito, isso é bem mais complexo do que dá a entender o conhecido aforismo de John Marshall[17]. Entretanto, em todos os seus significados mais particulares, é comum o entendimento de que o direito deve poder ser conhecido antecipadamente por aqueles incumbidos de aplicá-lo. Este entendimento está intima-

---

* *Marbury vs. Madison*, 5 U.S. (1 Cranch.) 137, 163 (1803). John Adams usou essa frase, antes, num projeto de constituição para Massachusetts. Ver Constituição de Massachusetts de 1780, parte 1, art. xxx, em Charles Kettleborough (org.), *The State Constitutions*, p. 658 (1918).Ver *idem*, p. 654n. James Harrington usou a frase, mais de cem anos antes, em *The Commonwealth of Oceana* (1656). Ver *The Political Works of James Harrington*, pp. 155, 182 (J. G. A. Pocock, org., 1977). Ao me referir somente aos "norte-americanos", não tenho a intenção de expressar nenhuma dúvida de que o Estado de Direito é um ideal universal, ou quase universal. É claro que existem e existiram sociedades efetivas nas quais o Estado de Direito, tal como comumente entendido, não prevalece.
17. Joseph Raz, *The Authority of Law*, pp. 210-29 (1979), oferece uma boa visão geral. Para uma cuidadosa exposição dos vários significados do Estado de Direito no debate da teoria do direito e especialmente no debate constitucional, ver Richard H. Fallon, Jr., *"The Rule of Law" as a Concept in Constitutional Discourse*, 97 Colum. L. Rev., p. 1 (1997).

mente relacionado com os requisitos de acessibilidade e clareza, que permitem que as pessoas que o desejem possam conformar sua conduta ao direito[18]. Ele tem uma relação mais íntima, entretanto, não com os que acatam o direito, mas com os que o declaram, os quais não devem decidir por conta própria o que é direito e o que não é, mas sim procurá-lo, descobri-lo e aplicá-lo tal como ele objetivamente é*.

É fácil compreender por que os argumentos analógicos dão a impressão de poder subverter o Estado de Direito. Se a questão for isolada do seu contexto jurídico, quem poderá dizer com segurança se um barco a vapor é mais parecido com um hotel ou com um vagão-dormitório, ou mesmo especificar a maneira como se deve responder a essa pergunta? Porém, se em qualquer caso particular a resposta permanece indeterminada até que a questão tenha sido respondida *naquele caso*, então não deve a decisão que se apóia na resposta ser igualmente indeterminada? E a norma que rege aquele caso – os direitos e as obrigações das partes –, acaso não é ela uma função do juízo subjetivo de quem quer que seja aquele que determina a analogia? E mesmo que se tome a decisão, isso não evita uma indeterminação semelhante no futuro. Poder-se-á determinar que casos subseqüentes, que apresentem fatos diferentes, sejam regidos por uma analogia diferente. Qualquer que seja o nome que se lhe atribua, não é o direi-

---

18. Ver Lon L. Fuller, *The Morality of Law* (ed. rev., 1977). A extensa discussão de Fuller sobre "a moral que torna o direito possível", *idem*, p. 33, pode ser vista como uma enunciação dos requisitos do Estado de Direito. Ver *idem*, pp. 33-94.

* Mesmo essa enunciação, aparentemente simples, está carregada de complexidades. De certo modo, o simples ato de perguntar o que o direito *é* em vez de o que ele *deve ser* já é um compromisso com o Estado de Direito; mas tais manobras verbais não resolvem as questões fundamentais.

to, assim fundado, um governo de homens, e não um governo de leis?†

Não importa muito se a toalha de Mary não fica limpa ou se o cortador de grama de Charlie não dá a partida. Pode-se sempre tentar alguma outra coisa. No direito, um erro pode ter conseqüências vultosas, freqüentemente imprevisíveis, para a parte; além disso, pode comprometer uma das dimensões normativas mais importantes de nossa existência. O direito pede a nossa lealdade e, tendo o monopólio legítimo do uso da força, exige a nossa obediência. O esforço para consolidar a suficiência racional do argumento jurídico analógico é incitado pela idéia de que, se a decisão judicial pecar por falta de racionalidade, ela será também normativamente insuficiente. Qualquer incerteza que persista no resultado de um caso reflete a incerteza do significado do direito e, nessa medida, revela uma lacuna no próprio direito. No entanto, se a mesma incerteza é atribuída a algum argumento analógico, as implicações exteriores ao direito não são importantes.

Mesmo sem o dizer realmente, aqueles que recusam o raciocínio jurídico analógico fazem, em relação ao direito, a mesma exigência que, no século XIX, conduziu a busca por uma "ciência jurídica" ao descrédito. Pois nessa perspectiva, por maior que seja a utilidade persuasiva de uma analogia, ela não é um argumento indutivo nem dedutivo, e portanto não tem nenhuma credencial de racionalidade; tal coisa significa que, se uma decisão for

---

† Dúvidas desse tipo não influenciam apenas os casos em que as normas aplicadas derivam de sentenças judiciais. Elas podem surgir sempre que o órgão judicial é chamado a aplicar uma norma a fatos que não se assemelham exatamente a nenhum daqueles para os quais ela já fora previamente aplicada. Mesmo que a norma esteja incluída num texto oficial, como uma lei ou um precedente judicial expresso, a autoridade do texto não determina como ele deve ser interpretado. Ver pp. 64-7.

apoiada numa medida qualquer num argumento analógico, sua autoridade será enfraquecida nessa mesma medida. Brewer trata explicitamente desse ponto. Rejeitando tanto a interpretação "cética" quanto a interpretação "mística" da analogia*, ele diz que o seu objetivo principal é mostrar que um argumento analógico é muito mais disciplinado intelectualmente e tem um "grau muito maior de *força racional*" do que geralmente se admite[19]. Para alcançar seu objetivo, Brewer encaixa a analogia numa seqüência de raciocínios indutivos e dedutivos, onde ela assume apenas um papel secundário; e não lhe atribui papel nenhum na justificação da conclusão. Evidencia-se um interesse semelhante nas observações de Posner, de que a formação acadêmica e a experiência prática dos advogados os equipam com "ferramentas essencialmente casuísticas" e que "o raciocínio jurídico é essencialmente o raciocínio de debatedores", o que ele contrasta desfavoravelmente com o raciocínio indutivo fundamentado empiricamente[20]. Por fim, também a doutrina da fantasmagoria reconstrói o argumento analógico como uma inferência dedutiva.

O requisito de que o direito seja demonstrável (ou verificável) e determinado não pode ser nem um padrão pelo qual se mede o Estado de Direito num um programa pelo qual o Estado de Direito será alcançado. A racionalidade não exige tanto. O esforço para proceder por meio de normas impõe apenas que as normas, incluindo aí sua área de aplicação, sejam enunciadas de modo tão claro quanto lhes permitam os assuntos a que se refe-

---
*Ver pp. 11-3.
19. Scott Brewer, *Exemplary Reasoning: Semantics, Pragmatics, and the Rational Force of Legal Argument by Analogy*, 109 Harv. L. Rev., pp. 923, 934 (1996).
20. Richard A. Posner, *Legal Scholarship Today*, 45 Stan. L. Rev., pp. 1.647, 1654 (1993).

rem, e que as pessoas encarregadas de aplicar as normas tentem cuidadosamente ser fiéis aos termos destas, dispondo da experiência e da instrução necessárias para tanto. Tal esforço exige a honestidade dos homens públicos, não a eliminação do juízo humano. O requisito da determinação, afinal de contas, consubstancia-se em que as normas tenham limites razoáveis e determináveis na prática, não em que tais limites sejam autodetermináveis. Não há nenhuma garantia de que uma norma jurídica será aplicada corretamente. A intervenção do juízo humano permite que uma decisão se dê de maneira equivocada, insensata, tendenciosa ou perversa. O espaço para o juízo humano abre caminho para todos os erros que os seres humanos são capazes de cometer. Como notoriamente observou o juiz Jackson a propósito da Suprema Corte, "não somos decisivos porque somos infalíveis, mas somos infalíveis apenas porque somos decisivos"[21]. Reconhecendo a possibilidade de erro, podemos adotar práticas que reduzam a sua probabilidade: propiciar uma ampla oportunidade para debates e discussões, evitar uma linguagem obscura, explicar detalhadamente as decisões e submeter a explicação à revisão do público ou simplesmente à consideração apurada de terceiros. Uma falha em qualquer um desses aspectos pode de fato comprometer o Estado de Direito. Por vezes, a despeito de todos os esforços, a aplicação de uma norma será contestada, e não será possível dizer com segurança qual é a resposta certa*. No sentido mais amplo possível, o reco-

---

21. *Brown vs. Allen*, 344 U.S. 443, 540 (1953) (voto convergente).

* Em sua teoria do direito, Ronald Dworkin insistiu muito na tese de que um caso decidido possui uma "resposta certa". Ver Ronald Dworkin, *Hard Cases*, 88 Harv. L. Rev., p. 1.057 (1975), reimpresso em Ronald Dworkin, *Taking Rights Seriously*, pp. 81-130 (1977); Ronald Dworkin, *No Right Answer?*, 53 N.Y.U. L. Rev., p. 1 (1978), reimpresso em Ronald Dworkin, *A Matter of Prin-*

nhecimento dessa incerteza não marca um afastamento do Estado de Direito. Ao contrário, confirma-o.

O impulso de separar o direito da falibilidade do juízo humano tem uma longa história; surge da convicção – não meramente razoável, mas, num certo sentido, verdadeira – de que a noção mesma de direito, e com ela a de justiça, perde o significado, a menos que seja inequívoca. Pois como pode uma norma ou uma decisão constituir o direito se as suas credenciais são apenas as de razoabilidade e boa-fé das pessoas que a declaram? Se o título de autoridade da razão que cabe ao direito baseia-

---

ciple, pp. 119-45 (1985). Contudo, ele sabe muito bem que não há um procedimento para demonstrar o que é a resposta certa, e que advogados e juízes igualmente racionais podem discordar, e com freqüência discordam, acerca de o que seria tal resposta. *Taking Rights Seriously*, p. 81. A sua tese consiste, em primeiro lugar, numa forte defesa da suficiência do direito e, portanto, numa defesa do Estado de Direito, partindo de um modelo do direito como um corpo normativo coerente e abrangente. Ver p. XVII. No contexto do processo judicial, argumenta ele, o direito contém no seu interior os princípios políticos e morais fundamentais dos quais depende de modo decisivo. Ver *Taking Rights Seriously*, p. 105. Assim, um juiz, ao realizar a "ascensão justificatória" a partir de uma norma jurídica, não deve, mesmo no nível mais elevado, procurar as fontes fora do direito, mas sim explorar os princípios nele incorporados. No nível da justificação, pode-se considerar que a tese de Dworkin prescreve mais uma atitude do que um método; qualquer que seja essa atitude, a adesão ao Estado de Direito constitui o seu centro. Abstraída da tarefa judicial concreta, e considerada como uma teoria sobre a natureza do direito, a tese da resposta certa que Dworkin propõe presta-se à afirmação de que o direito positivo, adequadamente concebido, gera os critérios de sua própria validação. Na sua teoria completamente desenvolvida, que ele chama de "direito como integridade", Dworkin parece tomar essa posição, fundamentando-a não na substância das leis, mas na natureza do direito enquanto tal. Ele reconhece que essa visão do direito incorpora princípios normativos substantivos, embora estes sejam, afirma ele, implicações da noção do direito como fonte da ordem numa comunidade humana. Ver, de modo geral, Ronald Dworkin, *Law's Empire*, pp. 87-275 (1986). Nesse sentido, a teoria tem uma afinidade com as teorias jusnaturalistas, ver pp. 154-60, afinidade essa que o próprio Dworkin reconhece. Ver *Law's Empire*, pp. 35-6, 263, 297; Ronald Dworkin, *"Natural" Law Revisited*, 34 U. Fla. L. Rev., p. 165 (1982). Para uma avaliação crítica dessa teoria, ver Lloyd L. Weinreb, *Natural Law and Justice*, pp. 117-22 (1987).

se numa fundação tão instável, não se deve então concluir que a sua autoridade não é a da razão, mas somente a da vontade daqueles que têm poder para impô-la? No pensamento ocidental, a questão pode ser reconstituída a partir do debate, no período clássico de Atenas, entre aqueles, como Platão, que acreditavam ser o cosmos ordenado normativamente por uma ordem eterna e verdadeira, e aqueles, notadamente os sofistas, que acreditavam ser a ordem normativa da existência humana apenas uma questão de convenção, estabelecida pelo esforço dos próprios seres humanos*. Para o primeiro grupo, as leis de uma comunidade de homens que transgridem a ordem normativa do cosmos — a ordem normativa natural — não são leis verdadeiras e, no decurso do tempo, mostram-se falsas; em última análise, cada pessoa recebe o que lhe é devido, por mais que as leis de uma comunidade pareçam provar o contrário. Para o segundo, os conceitos de certo e errado, de justiça e mérito, fazem sentido apenas como construtos humanos que não possuem nenhuma outra fonte de validade além da ordem normativa estabelecida pela própria comunidade. Mais tarde, sob influência da teologia cristã, a visão platônica abraçou a idéia de um criador divino, o qual sustenta igualmente a ordem natural e a humanidade. A lei da humanidade é a Providência Divina, a qual é acessí-

---

* Segundo a frase de Protágoras, "o homem é a medida de todas as coisas", citada em Platão, *Teeteto* 160d (F. M. Cornford, trad.), em Edith Hamilton e Huntington Cairns (orgs.), *The Collected Dialogues of Plato*, p. 866 (1961). Dizer que as normas são convencionais não implica que sejam insignificantes ("meramente convencionais", poderíamos dizer) ou facilmente modificáveis. O termo grego *nómos*, traduzido aqui por "convenção", podia referir-se a leis de grande importância e longa duração; em grande medida, ele assume seu significado a partir da oposição ao termo *phýsis*, usado para descrever a ordem natural. Para uma breve introdução e referências, ver Weinreb, p. 125n., pp. 26-30.

vel à razão e, portanto, permite aos seres humanos participar da construção de seu porvir. A conseqüência lógica desse ponto de vista era que as leis humanas que não correspondem à ordem da Providência não são leis verdadeiras. O ponto de vista oposto sustentava que, mesmo levando-se em conta a Providência Divina, a ordem natural e a lei estabelecida para a humanidade são produtos da vontade – da vontade de Deus, bem entendido –, que não é subordinada à razão e, portanto, não é acessível à razão humana*. A lei humana poderia ser contrária à vontade de Deus, mas não há nenhum meio seguro de determinar se é assim mesmo e, portanto, não há nenhuma prova segura de validação da lei exterior à própria lei. Por trás das complexidades metafísicas dessas posições estava um grande esforço para situar dentro da ordem causal da natureza a experiência humana da liberdade e a noção de responsabilidade e mérito individuais[22].

O debate teórico do direito afastou-se, na sua maior parte, de suas origens metafísicas. No campo do direito natural ficam as teorias que, de um jeito ou de outro, afirmam que as leis podem ser classificadas em verdadeiras ou não verdadeiras, que a razão humana pode discernir a lei verdadeira e que a obrigatoriedade plena da lei é uma função de ser ela uma lei verdadeira[23]. As teorias do positivismo jurídico afirmam que a lei é de fio a pavio

---

* Assim, debatia-se se Deus queria tudo aquilo que era (objetivamente) bom ou se o bom era tudo aquilo que Deus queria, pois Deus o queria. Os termos teológicos do debate disfarçavam a questão que estava no fundo: se as normas do comportamento humano são verdadeiras ou reais e se podem ser descobertas pela razão humana. Ver Weinreb, p. 125n., pp. 64-5.

22. Ver Lloyd L. Weinreb, *Natural Law and Justice*, pp. 15-66, 224-65 (1987).

23. Ver, p. ex., John Finnis, *Natural Law and Natural Rights* (1980). Ver, de maneira geral, Weinreb, nota 22, pp. 101-26.

um produto do esforço humano, que a razão não consegue discernir nenhuma verdade objetiva por meio da qual se pode avaliar a lei e que o caráter obrigatório da lei em geral ou de leis em particular não pode ser demonstrado de modo indubitável. A avaliação moral da lei, que o jusnaturalismo vê como intrínseca à natureza da lei, não é considerada pelo positivismo jurídico como algo menos importante, mas como algo separado da questão sobre o que é o direito. O fenômeno do nazismo apresentou o problema com toda a crueza. Os proponentes do direito natural perguntaram: em relação à nossa obediência, que pretensão moral pode ter a idéia de direito, se esta pode ligar-se a um mal indizível?* Ao que os positivistas jurídicos responderam: mesmo nessas circunstâncias extremas, ou especialmente nelas, nós carregamos o fardo do juízo moral, a responsabilidade pela qual é exclusivamente nossa e do qual não há nenhuma escapatória[†24].

À medida que a experiência do nazismo foi ficando para trás, a busca pela objetividade no direito foi dimi-

---

* Assim, Fuller argumentou que o dilema, posto pelo positivismo jurídico, entre obedecer a uma lei completamente má, que ainda assim exige obediência, e fazer o que pensamos ser correto e decente, "tem a formulação verbal de um problema, mas o problema que nela se põe não tem nenhum sentido. Equivale a dizer que eu tenho de escolher entre dar comida para um homem faminto ou brincar de Alice no País nas Maravilhas". Lon L. Fuller, *Positivism and Fidelity to Law – A Reply to Professor Hart*, 71 Harv. L. Rev., pp. 630, 656 (1958).

† "Usar na descrição da interpretação das leis a sugerida terminologia da fusão ou incapacidade de separar o que o direito é e o que deveria ser servirá (...) apenas para ocultar o fato de que aqui, ou em qualquer lugar, vivemos cercados de incertezas entre as quais temos que escolher, e de que a constituição vigente impõe limites para a nossa escolha, mas não impõe a própria escolha." H. L. A. Hart, *Positivism and the Separation of Law and Morals*, 71 Harv. L. Rev., pp. 593, 629 (1958).

24. Sobre o debate entre direito natural e positivismo jurídico, ver Weinreb, nota 22 (acima), pp. 97-101, 259-65.

nuindo. Os termos do debate mudaram, ainda que ele persista. Entre os acadêmicos atuais, na teoria do direito norte-americano contemporâneo, que têm afinidade com a tradição do direito natural, há os que acreditam que as respostas para muitas ou para a maioria das questões constitucionais podem ser determinadas de modo indubitável, seja porque o "sentido evidente" do texto constitucional não deixa nenhum espaço para discordâncias, seja porque a "intenção original" dos Constituintes – revelada pelo texto e, às vezes, por materiais suplementares – é certa e não permite nenhuma divergência. Talvez pareça contrário à noção de direito natural associá-la com a Constituição, ela própria um produto do esforço e do acordo entre seres humanos. Pode parecer ainda mais distante da noção de direito natural associá-la com aqueles que limitam o direito constitucional às intenções dos Constituintes, um grupo específico de agentes humanos, dotados de idéias e motivações variáveis e, não raro, controversas. No entanto, muitos daqueles que se baseiam na "intenção original", tomando-a como resposta direta às controvérsias correntes, tratam a Constituição simplesmente como um texto oficial – objetivamente válido – e empregam a idéia de intenção original como uma fórmula para evitar a necessidade de interpretar o texto.

A afinidade entre o "originalismo", como é chamado, e o direito natural não se baseia na concordância de ambos em importantes questões substantivas. O originalismo apóia muitas normas (tratando-as como uma questão de direito constitucional) que, em geral, não têm lugar nas doutrinas do direito natural. Do mesmo modo, é comum pensar que o direito natural afirma determinados direitos humanos que um originalista não reconhece como direitos constitucionais por não conseguir localizá-los no texto da Constituição, ainda que, talvez, pudesse apoiar a promulgação legislativa desses direitos. A afinidade entre as duas correntes é, antes, uma posição comum diante de questões de direito e uma abordagem comum à resolução delas. Ambas consideram a certeza sobre o que é o direito não apenas algo desejável, mas também alcançável, algo que funciona como um critério para o estabelecimento da verdadeira lei, não em todos os casos, mas em muitos e nos mais importantes. Os originalistas baseiam-se na Constituição de um modo muito parecido com aquele com que os adeptos do direito natural baseiam-se na razão humana, seja a partir dela mesma, seja com algum apoio metafísico. Eles são igualmente propensos a rejeitar qualquer discordância com suas conclusões, tomando-a como um erro puro e simples.

Entre os sucessores do positivismo jurídico estão aqueles que acreditam que a Constituição não propicia nenhuma resposta certa, nem mesmo às questões constitucionais. Ainda que o texto da Constituição, interpretado à luz da intenção dos Constituintes (na medida em que esta é conhecida), seja o ponto de partida da decisão de assuntos constitucionais, ele não é o ponto de chegada. As vastas mudanças sociais, políticas e econômicas entre o século XVIII e o atual têm de ser também consideradas. Muitos temas que nos concernem hoje não eram concebidos da mesma maneira quando a Constituição foi escrita. A aplicação do texto e da intenção original às circunstâncias atuais pede inescapavelmente um juízo humano falível, e inevitavelmente abre espaço para a incerteza.

A ligação entre o debate sobre a teoria do direito e as questões de interpretação constitucional é claramente ilustrada, talvez de modo um pouco perverso, por um debate, nas décadas de 1940 e 1950, entre o juiz Black e o juiz Frankfurter sobre a aplicação da Declaração de Direitos aos processos penais estaduais, Declaração essa que, segundo sua formulação literal, se aplica apenas ao governo federal. O juiz Black procurava demonstrar que todos os dispositivos relacionados aos processos penais haviam sido incorporados pela Cláusula do Devido Processo Legal da Décima Quarta Emenda, que se aplica aos estados, e por isso também eram aplicáveis aos estados[25]. O juiz Frankfurter rejeitou essa incorporação indiscriminada e afirmou, por sua vez, que a Cláusula do Devido Processo tem uma "potência independente" que assimila certos dispositivos da Declaração de Direitos, mas não todos, distinguindo-os de acordo com a parte do seu conteúdo que se relaciona com a noção de devido processo legal[26]. Segundo esse ponto de vista, nem todos os dispositivos da Declaração de Direitos se aplicam aos estados, mas apenas aqueles que foram assimilados[27]. Parte da discordância entre os insignes magistrados tinha a ver com a intenção dos formuladores da Cláusula do Devido Processo Legal; o juiz Black afirmou – e o juiz Frankfurter negou – que os formuladores tinham a intenção de incorporar os dispositivos da Declaração de Direitos que estavam em questão[28]. Cada um dos lados também empregou considerações de política federal: o juiz Black frisou que o federalismo não justificava – e o juiz Frankfurter asseverou que justificava – o

---

25. *Adamson vs. California*, 332 U.S. 46, 68 (1947) (voto divergente).
26. *Idem*, p. 66 (voto concorrente).
27. Ver *idem*, pp. 66-8.
28. O célebre argumento do juiz Black encontra-se num apêndice ao seu voto em *Adamson*, nota 25, p. 92. Sobre a posição do juiz Frankfurter, ver *idem*, pp. 62-7. Para uma réplica ao célebre argumento do juiz Black, ver Charles Fairman, *Does the Fourteenth Amendment Incorporate the Bill of Rights?*, 2 Stan. L. Rev., p. 5 (1949), que rejeita a conclusão de Black.

fato de haver diferentes procedimentos criminais nas cortes federais e estaduais. Mas o âmago da questão estava mais no fundo. A insistência do juiz Black em incorporar o texto de vários dispositivos da Declaração de Direitos, sem nenhuma seleção, era conduzida pela crença em que, pelo menos no nível constitucional, o direito poderia e deveria atender a determinados critérios objetivos, os quais lhe dariam certa imunidade contra o juízo individual subjetivo. A sua tese da incorporação alcançava esse objetivo, segundo ele, porque na sua opinião o significado dos dispositivos incorporados era conhecido. Ele zombou do que chamou de abordagem "jusnaturalista" de Frankfurter, a qual, disse ele, deixava os juízes livres para escolher a dedo quais dispositivos aplicar e como aplicá-los, conforme o seu senso individual de justiça[29]. Mesmo reconhecendo o fardo da decisão e a possibilidade de erro, Frankfurter asseverava que as tradições do judiciário, a disciplina e imparcialidade de juízes conscienciosos proporcionam uma orientação mais segura que a aplicação automática do suposto sentido manifesto de textos constitucionais selecionados, a qual, segundo ele, levaria inevitavelmente a resultados arbitrários[30].

Na verdade, embora Frankfurter não tenha negado o rótulo de jusnaturalista, foi o próprio Black que tomou

---

29. Além de *Adamson*, nota 25, pp. 69, 90, ver *Rochin vs California*, 342 U.S. 165, 174-7 (1952) (juiz Black, voto concorrente). Para uma invectiva ulterior de Black contra a abordagem "jusnaturalista", ver *Griswold vs. Connecticut*, 381 U.S. 479, 511-3, 522-4 (1965) (juiz Black, voto divergente). O juiz Souter emprega pejorativamente o rótulo "direito natural" num contexto inteiramente diferente, em *Alden vs. Maine*, 527 U.S. 706, 763 (1999) (voto divergente). Ver *idem*, pp. 763-98. A maioria rejeitou a caracterização feita pelo juiz Souter. Ver *idem*, pp. 758-89.
30. *Adamson*, nota 25, pp. 65, 67-8 (juiz Frankfurter, voto concorrente); *Rochin*, nota 29, pp. 169-72.

o posicionamento característico do direito natural. Ao dar primazia ao valor da certeza, ele pensou tê-la alcançado baseando-se diretamente nas palavras da Constituição, que tinham um sentido definido e proporcionavam um critério objetivo para o resultado correto*. Frankfurter, ao aceitar o fardo da decisão e a possibilidade de erro, abriu espaço em sua teoria constitucional para as incertezas do positivismo jurídico.

É evidente a conexão entre o debate travado no interior da teoria do direito (e, dentro dele, o debate sobre o significado da Constituição) e o debate sobre o lugar do raciocínio analógico na decisão judicial. Há, por um lado, a exigência de certeza e a crença de que ela é alcançável, apesar da persistência de discordâncias na prática e da incapacidade de superá-las, exceto através da convicção pessoal. E, por outro lado, há a aceitação de incertezas e o reconhecimento de que a discordância não deve ser sempre evitada, podendo mesmo abrir caminho para um resultado satisfatório. No contexto desse debate mais amplo, a discussão sobre o raciocínio analógico assume uma importância maior. O direito expressa os

---

* A crença do juiz Black de que a incorporação das cláusulas da Declaração de Direitos eliminaria a necessidade do discernimento judicial particular foi posta à prova quando a Corte declarou que o dispositivo da Sexta Emenda, que prevê um julgamento por júri, quando incorporado e tornado aplicável aos estados não significava que um júri tem de ser composto por doze pessoas, embora tivesse sido assim interpretado ao ser aplicado aos julgamentos federais: *Williams vs. Florida*, 399 U.S. 78 (1970). Concordando com essa conclusão, Black disse que decorria "unicamente, e como uma conseqüência necessária, do nosso ofício de reexaminar as decisões anteriores para obter o significado constitucional correto em cada caso". *Idem*, p. 107 (juiz Black, voto concorrente). As decisões anteriores, ao contrário, "baseavam-se (...) numa interpretação imprópria" da Sexta Emenda, *idem*. Ele não explicou como o ofício do tribunal poderia ser executado sem o exercício do discernimento humano, isto é, do juízo falível. Frankfurter, que não estava mais na Suprema Corte quando o caso *Williams* foi decidido, não teria aceitado a "correção". Ver *Rochin vs. California*, 342 U.S. 165, 169-70 (1952).

valores de uma comunidade e, por sua vez, molda a comunidade e as suas inclinações de um modo muito mais penetrante e com conseqüências muito maiores do que as das decisões de um tribunal. No entanto, a decisão é o meio pelo qual o direito se consolida formal e decisivamente e, de certo modo, adquire existência concreta. Se o estudo detido do processo de decisão judicial não proporciona nenhuma garantia de que as leis aplicadas são adequadas, é verdade também que, até que as leis sejam aplicadas, elas permanecem gerais e abstratas e, por mais adequadas que sejam em princípio, são vulneráveis a distorções e erros. Portanto, é fundamental que o processo de decisão judicial seja compreendido.

O raciocínio analógico é central nesse processo. Autoriza-nos a governar nossas vidas de acordo com normas gerais, sem que se negue a singularidade da experiência humana. O objetivo não é a certeza, mas a garantia razoável de que as normas sejam aplicadas de maneira previsível e imparcial, conforme o permitir o polimorfismo do comportamento humano. Tampouco se pode alcançar a certeza reconstituindo o raciocínio analógico como se ele fosse um argumento indutivo ou dedutivo ou substituindo-o por tais argumentos, visto que as normas a serem aplicadas são prescritivas e seus termos são gerais. Isso não nos priva do recurso à razão – na forma da razoabilidade humana, que nos é suficiente.

O esforço para transcender os limites da razão humana nas operações do direito tem um propósito benigno. Sua função é assegurar que a autoridade moral do direito e seu poder de coação não sejam mal empregados e alcançar a justiça nas pequenas preocupações que constituem a maior parte da vida, da mesma maneira como procuramos fazer nas grandes questões que dizem respeito a toda a sociedade. A convicção de que há uma fonte de verdadeira justiça e de que ela é cognoscível já serviu muitas vezes de bastião contra a iniqüidade e a fraqueza humanas e ajuda a sustentar o esforço de obtenção da justiça que está efetivamente ao nosso alcance. Entretanto, os dogmas transcendentais também já suprimiram dúvidas que um entendimento humano mais cauteloso e humilde teria respeitado. O compromisso com uma causa justa não deve exigir de antemão uma prova infalível, a fim de que a convicção não seja confundida com uma prova e as deliberações posteriores não sejam frustradas. Especialmente o direito – por estar em contato com toda a nossa vida, sendo decisivo na maioria das atividades humanas – tem necessidade de incertezas, inclusive quando aspira a elucidar o seu ponto de vista sobre o bem. A confiança na capacidade humana de refletir e deliberar sobre os fins humanos e sobre como alcançá-los não produz as verdades da razão abstrata ou da ciência empírica. Não oferece nenhum refúgio contra a dúvida e exige de nós a contínua reavaliação e reconsideração de nossas conclusões, bem como a perpétua atenção à possibilidade de erro. Justamente por tais razões, é essa confiança o caminho mais seguro e menos traiçoeiro para uma ordem social justa.

APÊNDICE A
Nota sobre o raciocínio analógico

O processo do raciocínio analógico depende da nossa percepção das semelhanças e da nossa capacidade de classificá-las conforme o nosso objetivo. Tendo isso em mente, um estudo aprofundado do raciocínio analógico poderia começar com algumas considerações sobre o grupo de assuntos ontológicos, epistemológicos e lingüísticos correlatos que são normalmente reunidos na fórmula "o problema dos universais", que na literatura filosófica remonta a Platão e Aristóteles. Definido, *grosso modo*, um universal é uma *categoria* qualquer: homem, mulher ou pessoa, e não minha amiga Jenni; chave de fenda ou ferramenta, e não a chave de fenda que deixei sobre a bancada; corrida ou competição, e não a corrida de 10 km ao longo da avenida principal na manhã do último sábado; raiva ou emoção, e não a raiva que Jim sentiu quando Paul deu risada. Estruturada ontologicamente, a questão geral tem a ver com a existência de "tipos naturais" (chamados por Platão de "formas" ou "idéias") que correspondem aos termos gerais. Até mesmo essa formulação da questão suscita algumas dificuldades. Pode-se certamente escrever um ensaio sobre a categoria de animadores que são chamados de palhaços. Mas será que a *categoria* dos palhaços existe num sentido mais forte do que esse, como parte real do universo? Se assim for, ela seguramente não existe da mesma maneira que os palhaços específicos que se vêem no circo. Estruturada epistemologicamente, a questão geral é a de como se conseguem conhecer e entender os termos gerais, como "palhaço", de uma maneira que nos permite empregá-los. Pois certamente não adquirimos tal conhecimento pela percepção das próprias categorias, do mesmo modo que vemos e ouvimos um palhaço específico. Estruturada lingüisticamente, a questão geral é a de como dar uma explicação adequada para a função e a operação de termos gerais na linguagem. Seja a questão posta de maneira ontológica, epistemológica ou lingüística, os universais que estão em causa são, em algum sentido, os mesmos.

Há uma introdução boa e resumida ao problema dos universais no ensaio de W. V. Quine, *Natural Kinds*, em W. V. Quine, *Ontological Relativity and Other Essays*, p. 114 (1969), reimpresso em Hilary Kornblith (org.), *Naturalizing Epistemology*, p. 57 (2.ª ed., 1994). A obra *Universals* (1972), de Hilary Staniland, é um levantamento geral breve e acessível, que inclui materiais sobre as formulações ontológicas do problema em Platão e em Aristóteles e sobre as formulações epistemológicas dos empiristas britânicos (Locke, Berkeley, Hume), bem como trabalhos mais recentes. Traz também uma útil bibliografia. Richard I. Aaron, *The Theory of Universals* (2.ª ed., 1967), é um estudo mais elaborado e profundo, recheado de textos históricos. Há excelentes ensaios atuais de alto nível e uma bibliografia selecionada in Michael J. Loux (org.), *Universals and Particulars: Readings in Ontology* (ed. Notre Dame Press, 1976). Recentemente, o problema dos universais foi substituído, se não incorporado, por trabalhos sobre a categorização no campo da psicologia cognitiva; quanto a isso, ver abaixo.

APÊNDICE A: NOTA SOBRE O RACIOCÍNIO ANALÓGICO

Desde 1970, mais ou menos, vários experimentos e análises sobre o raciocínio analógico têm sido feitos no campo da psicologia cognitiva e do desenvolvimento, geralmente estimulados pelo interesse nos métodos de ensino e aprendizagem ou na inteligência artificial e na ciência da computação. Um conjunto de estudos examinou as condições sob as quais uma analogia deve ser adequadamente tomada como base confiável para uma conclusão – o que foi discutido de maneira geral no texto sob a rubrica de "pertinência" –, e outro conjunto examinou as condições cognitivas para a formação e o reconhecimento de uma analogia. Os estudos indicam que as semelhanças entre a fonte e o alvo contribuem mais para construir uma analogia eficaz sob ambos os aspectos quando são semelhanças sistemáticas – ou seja, integrais e coerentes –, e não meras semelhanças fragmentárias e superficiais, como, por exemplo, de cor ou forma. Para um trabalho de levantamento desse tipo, ver Deidre Gentner, *The Mechanisms of Analogical Learning*, em Stella Vosniadou & Andrew Ortony (orgs.), *Similarity and Analogical Reasoning*, pp. 199-241 (1989). Os resultados desses estudos foram aplicados amplamente em modelos computacionais de raciocínio analógico usados para desenvolver programas de computador. Também foram aplicados no desenvolvimento de métodos de ensino em sala de aula em geral.

Para uma introdução geral bastante acessível ao tema do raciocínio analógico, ver Keith J. Holyoak & Paul Thagard, *Mental Leaps: Analogy in Creative Thought* (1995). Ensaios instrutivos sobre vários tópicos estão coligidos em David H. Helman (org.), *Analogical Reasoning* (1998), e em Vosniadou & Ortony (citados acima). Ambas as coletâneas contêm ensaios que descrevem e avaliam modelos computacionais de raciocínio analógico.

Muita atenção tem sido dada ao desenvolvimento do raciocínio analógico nas crianças. Vários experimentos são descritos e têm seus resultados discutidos por Usha Goswami, *Analogical Reasoning in Children* (1992), e por Ann L. Brown, "Analogical Learning and Transfer: What Develops?", em Vosniadou e Ortony (citado acima), pp. 369-412. Goswami apresenta provas experimentais persuasivas em favor da tese de que a capacidade para o raciocínio analógico está presente desde muito cedo e que o seu desenvolvimento depende da aquisição de um conhecimento conceitual e sistemático que vai além das simples semelhanças perceptivas.

A analogia e a metáfora têm muito em comum. Poderíamos descrever (metaforicamente) a diferença entre elas como a distância entre as coisas que estão sendo comparadas. Ao passo que as semelhanças nas quais a analogia se baseia costumam ficar evidentes logo que são observadas, e a força de uma analogia depende da pertinência das semelhanças ao problema em questão, a semelhança que sustenta uma metáfora pode ser mais difícil de captar e definir; a força da metáfora às vezes depende da justaposição surpreendente de coisas que são à primeira vista completamente distintas entre si. Muitas das questões em torno da analogia e da metáfora estudadas na epistemologia, na lingüística e na psicologia cognitiva coincidem. Uma coletânea útil de ensaios sobre a metáfora, que reúne trabalhos de diferentes campos e contém extensa bibliografia, é a de Andrew Ortony (org.), *Metaphor and Thought* (2.ª ed., 1993).

Um outro tipo de estudo dentro da psicologia cognitiva explora a presença dominante da analogia e da metáfora no pensamento e na linguagem, não como uma etapa deliberada do raciocínio e na comunicação, mas como algo profundamente enraizado nas categorias por meio das quais entendemos e descrevemos a nossa vida e as coisas que nos acontecem. "A projeção analógica e metafórica está presente no entendimento humano num nível de significado e raciocínio abaixo do das relações propositivas." Mark Johnson, *Some Constraints on Embodied Analogical Understanding*, em Helman (citado acima), pp. 1, 26 (1988). "Nossos pensamentos analógicos reflexivos explícitos baseiam-se tipicamente numa rede compacta de conexões e processos analógicos que adquiriram substância em nossa experiência de vida, dos quais raramente temos consciência." *Idem*, p. 39. Tais estudos apresentam indícios persuasivos de que os termos gerais não são representações abstratas mais ou menos precisas (objetivas) daquilo que descrevem, independente das circunstâncias de quem os usa e do seu uso; antes, eles encerram um sistema conceitual riquíssimo que depende não apenas de nossa natureza corpórea, mas de cada aspecto – psicológico, social, histórico, lingüístico – de nossa natureza humana. Demonstra-se assim que os termos gerais não são, como na dedução, suscetíveis a transformações lógicas, mas devem, antes, ser analisados conforme o contexto. Segue-se daí que o objetivo a ser buscado não pode ser uma verdade incontestável, em relação à qual não se admite nenhum desvio, mas somente uma razoabilidade mais limitada, condicionada pela situação concreta, e que reflete o fato de o ser humano estar inextricavelmente inserido em suas experiências de vida. Os principais trabalhos nessa área foram feitos por George Lakoff e Mark Johnson. Ver Georfe Lakoff, *Women, Fire, and Dangerous Things* (1987); George Lakoff & Mark Johnson, *Metaphors We Live By* (1980); Mark Johnson, *The Body in the Mind* (1987). Mark Johnson, *Moral Imagination* (1993), é um estudo poderoso sobre as implicações desse trabalho para a filosofia moral e a ética. Steven L. Winter, em *A Clearing in the Forest* (2001), aplica esse trabalho ao campo do direito com resultados surpreendentes.

APÊNDICE B
Notas biográficas

Lawrence A. Alexander, professor, Faculdade de Direito da Universidade de San Diego. Escreve amplamente sobre teoria do direito e direito constitucional.

Scott Brewer, professor, Faculdade de Direito de Harvard. Escreve sobre teoria do direito e provas judiciais.

Ronald Dworkin, professor de Teoria do Direito, Universidade de Oxford, e professor da Faculdade de Direito da Universidade de Nova York. Escreve amplamente sobre teoria do direito. É autor de *Taking Rights Seriously* (1977) [trad. bras. *Levando os direitos a sério*, São Paulo, Martins Fontes, 2.ª ed., 2007], *A Matter of Principle* (1984) [trad. bras. *Uma questão de princípio*, São Paulo, Martins Fontes, 2.ª ed., 2005] e *Law's Empire* (1986) [trad. bras. *O império do direito*, São Paulo, Martins Fontes, 2.ª ed., 2007], entre outras obras.

Melvin A. Eisenberg, professor da Faculdade de Direito da Universidade da Califórnia, Berkeley. Escreve sobre contratos, direito empresarial e processos judiciais. É autor de *The Nature of the Common Law* (1988), entre outras obras.

Lon L. Fuller (1902-1978), professor, Faculdade de Direito de Harvard. Escreveu amplamente sobre jurisprudência, teoria do direito e contratos. É autor de *The Law in Quest of Itself* (1940), *The Morality of Law* (ed. rev., 1977) e *Positivism and Fidelity to Law – A Reply to Professor Hart*, 71 Harv. L. Rev., p. 630 (1958), entre outras obras de teoria do direito.

R. Kent Greenawalt, professor, Faculdade de Direito de Columbia. Escreve amplamente sobre teoria do direito, direito constitucional e sobre a Primeira Emenda. É autor de *Conflicts of Law and Morality* (1987), *Law and Objectivity* (1992) e *Private Consciences and Public Reasons* (1995), entre outras obras.

Herbert Lionel Adolphus Hart (1907-1993), professor de Teoria do Direito, Universidade de Oxford. Escreveu amplamente sobre teoria do direito. É autor de *The Concept of Law* (2.ª ed., 1994); *Law, Liberty and Morality* (1963), *Punishment and Responsibility* (1968) e *Positivism and the Separation of Law and Morals*, 71 Harv. L. Rev., p. 593 (1958), entre outras obras.

Oliver Wendell Holmes, Jr. (1841-1935), professor de Direito, Faculdade de Direito de Harvard; juiz-presidente do Supremo Tribunal Judicial de Massachusetts; juiz da Suprema Corte dos Estados Unidos (1902-32). Escreveu amplamente sobre muitos temas jurídicos, entre os quais jurisprudência e teoria do direito. É autor de *The Common Law* (1881) e *The Path of the Law*, 10 Harv. L. Rev., p. 457 (1897), entre outras obras.

Edward Hirsch Levi (1911-2000), professor de Direito e reitor da Faculdade de Direito da Universidade de Chi-

APÊNDICE B: NOTAS BIOBRÁFICAS   145

cago; presidente da Universidade de Chicago; procurador-geral do Estados Unidos sob o governo do presidente Ford e do presidente Carter, 1975-77. *An Introduction to Legal Reasoning* (1949) [trad. bras. *Uma introdução ao raciocínio jurídico*, São Paulo, Martins Fontes, 2005] é a sua principal obra sobre teoria do direito.

Neil MacCormick, *Regius Professor* de Direito Público da Universidade de Edimburgo, membro pela Escócia do Parlamento europeu. Escreve principalmente sobre jurisprudência, teoria do direito e direito constitucional. É autor de *Legal Reasoning and Legal Theory* (1978) [trad. bras. *Argumentação jurídica e teoria do direito*, São Paulo, Martins Fontes, 2006], entre outras obras.

Charles Pierce (1839-1914), filósofo e lógico norte-americano, fundador da escola filosófica pragmática. Escreveu principalmente sobre lógica, bem como sobre muitos outros temas. Seus escritos estão reunidos em *The Collected Papers of Charles Sanders Pierce*, vols. 1-6 (C. Hartshorne & P. Weiss, orgs., 1931-35) e vols. 7-8 (A. Burks, org., 1958).

Richard A. Posner, juiz do Tribunal de Apelações da Sétima Região; conferencista na Faculdade de Direito da Universidade de Chicago. Escreve amplamente sobre muitos temas jurídicos, notadamente no campo do direito e economia (*Economic Analisys of Law* [6.ª ed., 2003]). É autor de *The Problems of Jurisprudence* (1990), *Overcoming Law* (1995) e *Law, Pragmatism, and Democracy* (2003), entre outras obras de teoria do direito.

Willard van Orman Quine, professor de Filosofia (aposentado), Universidade de Harvard. Escreve amplamente sobre filosofia, lógica e linguagem. É autor de *From a*

Logical Point of View (2.ª ed., 1961), *Word and Object* (1960) e *Ontological Relativity and Other Essays* (1969), entre outras obras. Uma seleção desses escritos está reunida em *Quintessence* (R. F. Gibson, org., 2004).

Cass R. Sustein, professor de direito da Faculdade de Direito da Universidade de Chicago. Escreve amplamente sobre teoria do direito, direito constitucional e direito administrativo. *Legal Reasoning and Political Conflict* (1996) é a sua principal obra de teoria do direito.

Peter Westen, professor da Faculdade de Direito da Universidade de Michigan. Escreve amplamente sobre teoria do direito, direito penal e processo penal.

ÍNDICE REMISSIVO

abdução, 2-6, 15, 24
conceito de Charles Peirce, 4, 7
Adams vs. New Jersey Steamboat Co., XXV, 21-5, 39-40, 56, 59-60, 67-70, 72, 74, 85-6, 88, 97, 118-20
Adams, John, 120n
Alexander, Larry, XX, 45, 82, 143
analogia, XII-XIV. *Ver também* raciocínio analógico, metáfora, semelhança
"fonte" e "alvo", 3, 10, 14, 49, 139
forma lógica, 10
semelhança pertinente, 14-5, 49n, 67-8, 83-91, 98-111, 139

Black, Hugo, 37-8, 39, 131-3
Brandeis, Louis, 35-6
Brewer, Scott, XXV, 82, 94-5, 123, 143. *Ver também* raciocínio analógico
Brown vs. Board of Education of Topeka, 75n

Buck vs. Jewell-LaSalle Realty Co., 25-7, 29, 31-2, 39, 41, 64n, 75, 97
Butler, Pierce, 36

Califórnia vs. Acevedo, 77n
"ciência jurídica", 113-5, 122
Cláusula do Devido Processo Legal, 131
compêndios de jurisprudência (*restatements*), 52
Crisci vs. Security Insurance Co. of New Haven, Conn., 63

Dane, Nathan, 114
decisão judicial, XI, XVI, 18, 51-4, 77-8, 80-2, 92, 94, 98, 122, 130. *Ver também* Posner, Richard
causa sem precedente judicial, 73-4;
decisão contrária aos precedentes, 76
direito e fatos, 58, 64, 68, 72
regra do caso, 89
regras de decisão, 66
uso da analogia, 67, 72-4

Declaração de Direitos, 131-2, 133n
dedução, XIV, 3, 44, 79-80, 88, 100-1, 123
direito e economia. *Ver* Posner, Richard
direito natural, XXIII, 19, 57n, 125n, 126-9. *Ver também* interpretação constitucional ordem natural normativa, 126
direito, XIII. *Ver também* decisão judicial
comparação com a ordem natural, 109
fontes do, 35, 56-7
hierarquia de normas, XV-XVIII, 79-82, 107-8
princípios morais e políticos, 57n, 130n
"rede inconsútil", 77
vontade ou razão, XXIV, 16, 19-20, 125-6
Douglas, William, 31, 38, 62
Dworkin, Ronald, XVn, XVI-XVII, XXIn, 107, 124-5n, 143

Eisenberg, Melvin, XXIn, 143
ejusdem generis, norma, 1
Eliot, Charles William, 111-2n
Escobedo vs. Illinois, 64n
Estado de Direito, XXIII, XXVII, 16-8, 93, 108, 119-25. *Ver também* Posner, Richard
Estudos Jurídicos Críticos, XVII, 57, 115

formação jurídica, XI, XXII, 112-3, 118-9
compêndios de jurisprudência, 113
método casuístico, XXVI, 111-9

formalismo jurídico, 18, 90. *Ver também* "teoria mecânica do direito"
"ciência jurídica", 113-5, 122
formas de ação, 64
Fortnightly Corp. vs. United Artist Television, Inc., 28-32, 41-2, 64n, 75
Frankfurter, Felix, 131-3
Fuller, Lon, 128n, 144

Goldman vs. Estados Unidos, 36n
Greenawalt, Kent, XXI, 144

Harrington, James, 120n
Harris vs. Nova York, 69n
Hart, H. L. A., 144
Harvard, Faculdade de Direito, 111-2
Holmes, Oliver Wendell Jr., 36n, 89n, 144
Holmes, Sherlock, 3n
Hume, David, 102n

indução, XX, 3, 44, 90
interpretação constitucional, 129-30
e o jusnaturalismo, 132
e o positivismo jurídico, 130
originalismo, 129-30
sentido evidente, 129-33

Jackson, Robert, 124
julgamento por júri, 133n.
jusnaturalismo. *Ver* direito natural

Katz vs. Estados Unidos, XXV, 36-9, 41-2, 60-2, 70, 72, 74-8, 87, 97, 108
Kirby vs. Illinois, 64n

Langdell, Christopher Columbus, 111-5
legislação, XI, 17, 54, 92, 94
Lei de Direitos Autorais de 1909, XXV, 25-7, 28
Lei de Direitos Autorais de 1976, 33n
Levi, Edward, XVIII, XXIV, 11-3, 44, 82n, 144
litígio ou controvérsia, 110

MacBury vs. Madison, 120n
MacCormick, Neil, XXI, 145
MacPherson vs. Buick Motor Co., 76n
Marshall, John, 120
metáfora, 83n, 85-6, 140
método casuístico. *Ver também* uso de analogia na formação jurídica, XXVI, 111-5
Miranda vs. Arizona, 55n, 64n, 69n

Nazismo, XXIII, 128-9
norma de reconhecimento, 20n
norma fundamental, 20n
normas. *Ver também* raciocínio jurídico e os princípios jurídicos, XVn, 81-3
e os critérios jurídicos, XVn

Olmstead vs. Estados Unidos, XXV, 33-7, 39, 41, 60-1, 74, 76, 107-8
ordem natural normativa, 126. *Ver também* direito natural
Platão, 126
Providência, 127
originalismo, 129-30

Parker vs. União, 65n

Peirce, Charles, 4-7, 145. *Ver também* abdução
Platão, 126
positivismo jurídico, XXIII, 57n, 128, 130-3
convenção (*nomos*), 126
Protágoras, 126n
sofistas, 126
Posner, Richard, XIX, XXI, 45, 802n, 90-5, 123, 145
direito e economia, 92n
Estado de Direito, 93
"pragmatismo do dia-a-dia", 92-3
teoria da decisão judicial, XV, 92-5
processo administrativo, XI, 54
processo penal, 131
Protágoras, 126n
psicologia cognitiva, 49n, 139
psicologia do desenvolvimento, 98-105, 139-40. *Ver também* raciocínio analógico

Quarta Emenda, XXVI, 2, 6, 8, 33-41, 61, 70, 76, 107-8
Quine, Willard Van Orman, 145

raciocínio analógico, XIV-XVI, XXII-XXVII, 7, 18-20, 43-54, 67, 68n, 72-4, 80-2, 92, 94, 98, 111, 133, 137-142. *Ver também* decisão judicial, método casuístico, raciocínio jurídico
"fantasmagoria", XX, 45, 90, 123
nas aulas de direito, 115-8
nas crianças, 98-105, 139-40
raciocínio analógico prático, XXVI, 46-54, 82-95, 97, 119
raciocínio por meio de exemplos, XI, XVIIIn, 1

teoria de Brewer, 1-20, 25, 39, 94-5
raciocínio jurídico, XI-XV, XXII-XXV, 19, 44, 54-78, 82, 97-8. *Ver também* decisão judicial, raciocínio analógico, direito
busca da certeza, XXIII-XXIV, XXVII, 135
comparação com o raciocínio prático, 51, 53-4
estrutura piramidal, XV-XVIII, 107
uso da analogia, XII-XIV, 19-20, 97-8
Rakas vs. Illinois, 76n
Realismo Jurídico, XVIIn, XXIV, 57n, 112, 115
responsabilidade civil por perdas e danos
hoteleiro, 21-5, 41, 59-60, 68-70, 106, 110
operador do barco a vapor, 21-5, 41, 59-60, 106, 110
operador do vagão-dormitório de um trem, 22-3, 106

semelhança, 98-102, 104. *Ver também* analogia, universais

relações causais, 101-5
relações normativas, 105
Sherlock Holmes, 3n
sistemas TVAC (televisão a cabo), 28-31
sofistas, 126
Stone, Harlan Fiske, 35
Sunstein, Cass, XXIn, XXIV, 11, 40, 44, 82n, 146
"acordos apenas parcialmente teorizados", 12, 48

Teleprompter Corp. vs. Columbia Broadcasting System, Inc., 30-1
televisão a cabo. *Ver* sistemas TVAC
"teoria mecânica do direito" 79, 112. *Ver também* formalismo jurídico, raciocínio jurídico
Twentieth Century Music Corp. vs. Aiken, 31

universais, 137-8. *Ver também* semelhança

Westen, Peter, XXIn, 84-5, 86n, 89-90, 146
Williams vs. Flórida, 133n

RR DONNELLEY

IMPRESSÃO E ACABAMENTO
Av Tucunaré 299 - Tamboré
Cep. 06460.020 - Barueri - SP - Brasil
Tel.: (55-11) 2148 3500 (55-21) 2286 8644
Fax: (55-11) 2148 3701 (55-21) 2286 8844